Kulissen des Glücks

Weihnachtsoratorium und inszenierter Gruppensex, Narrhallamarsch und Dichterlesung, Katastrophen per TV und die Brüste von Dolly Buster: Über die Szenerie der Erlebnisgesellschaft gilt es neu nachzudenken. Die Zeit der Belehrungen ist vorbei und die Kulturkritik kreist nur noch um sich selbst. Davon unberührt bewegen sich die Zeitgenossen routiniert zwischen den Kulissen des Glücks, die sie als Nachfrager selbst mitgestaltet haben.

Gerhard Schulze will die Kulturlandschaft der Gegenwart nicht ändern, sondern verstehen. Amüsiert, neugierig und nachdenklich schreibt er über Events und öffentliche Selbstentblößung, über Comedy und Quotendenken. Seine Essays sind Streifzüge durch unsere Sozialwelt auf der Suche nach einer neuen Deutung. An die Stelle der altbekannten Niedergangsdiagnose tritt der Befund eines kollektiven Lernprozesses.

Gerhard Schulze ist Professor für empirische Sozialforschung an der Universität Bamberg. Er ist Autor des bei Campus erschienenen Bestsellers *Die Erlebnisgesellschaft*.

Gerhard Schulze

Kulissen des Glücks

Streifzüge durch die Eventkultur

Campus Verlag
Frankfurt/New York

Die Deutsche Bibliothek – CIP-Einheitsaufnahme

Schulze, Gerhard:
Kulissen des Glücks : Streifzüge durch die Eventkultur / Gerhard
Schulze. 2. Aufl. – Frankfurt/Main ; New York : Campus-Verl., 2000
ISBN 3-593-36305-4

2. Auflage 2000

Copyright © 1999 Campus Verlag GmbH, Frankfurt/Main
Umschlagfoto: Jan Knoff, Köln
Umschlagmotiv: Init, Bielefeld
Satz: Leingärtner, Nabburg
Druck und Bindung: Druckhaus Beltz, Hemsbach
Gedruckt auf säurefreiem und chlorfrei gebleichtem Papier.
Printed in Germany

Besuchen Sie uns im Internet: www.campus.de

Inhalt

Wovon man nicht sprechen kann. Einleitung . .   7

Sauscharf. Die Rationalisierung
der Sinnlichkeit 23

Die Paradoxie des Lachens in unserer Zeit . . . 45

Kafkas Kuriere. Steigerung und
Sinnillusion in der Entwicklung der Medien . . 55

In der Eventfolklore 79

Jenseits der Kulissenwelt. Bemerkungen
über das Bett 105

Anmerkungen 111

Wovon man nicht sprechen kann

Es gibt zwei Arten von Kulissen: die lügnerischen und die spielerischen. Im einen Fall wird die Wirklichkeit drapiert, um Beobachter zu täuschen, wie es Potemkin tat, um der Zarin Katharina blühende Dörfer dort vorzuspiegeln, wo eigentlich Armut herrschte. Ein Blender wendet alles Geschick auf, um die Kulissen als echt erscheinen zu lassen. Im anderen Fall soll Wirklichkeit nicht verschleiert, sondern hergestellt werden. Spielerische Kulissen wie Erlebnisparks, Computerspiele oder Filme werden als illusionserzeugende Konstruktionen angeboten und nachgefragt. Dabei gelten Gefühle, Phantasien, Erlebnisse nicht als Wahrnehmungsstörungen, sondern als Wirklichkeit eigener Art.

Vielleicht sind auch die potemkinschen Dörfer eher so zu interpretieren. Man vermutet nämlich, dass Katharina die Große den wohlmeinenden Bluff von Potemkin durchschaute und ihm insgeheim dafür dankbar war. Offenbar hat die ganze Reisegesellschaft, mit der sie 1787 den Dnjepr hinunterfuhr, um ihr Reich zu besichtigen, die an den Ufern aufgestellten Attrappen gepflegter und fortschrittlicher Dörfer umgedeutet: von lügnerischen Kulissen in spielerische[1].

Dass es die Trennung von Lüge und Spiel nicht gebe, dass spielerische Kulissen nur besonders raffinierte Lügenkonstruktionen seien, ist der traditionelle Argwohn einer »entlarvenden«, über die wahren Verhältnisse aufklärenden Kulturkritik. Aber der Unterschied zwischen NS-Propaganda und Sportartikelreklame ist zu groß, als dass man beides mit demselben Kritikmuster abhandeln könnte. Begriffe wie »falsches Bewusstsein« oder »Verlogenheit« verfehlen zunehmend die Bedeutung heutiger Inszenierungen. Niemand muss die Zeitgenossen darüber belehren, dass Werbung, Musikvideos oder große Sportereignisse etwas vorspiegeln, das es »eigentlich« nicht gibt. Es geht um eine gute Show; die Wirklichkeit jenseits der Inszenierungen steht auf einem anderen Blatt. Der Unterschied zwischen Facts und Fiction ist den Menschen im Alltagsleben geläufiger als vielen Propheten des aufgeklärten Bewusstseins.

Der enormen Vermehrung spielerischer Kulissen in den Zonen des westlichen Lebensstils entspricht eine ungekannte Intensivierung des Diskurses über das schöne Leben. Orte dieses Diskurses sind Kosmetikstudio und Fitnesscenter, Talkshow und Kneipe, Psychogruppe und Feuilleton, Bekanntschaftsanzeigen und Gespräche im Supermarkt. Das Glück wurde zum zentralen Thema einer Suche ohne Ende.

Unbeeindruckt von allen Katastrophenbefürchtungen arbeitet sich eine profane Heilserwartung vorwärts. Wir versprechen uns buchstäblich alles, was wir uns wünschen könnten – und bekommen es: Hochgeschwindigkeitszüge, intelligente Kühlschränke, Potenz und ganzjährige Sonnenbräune. Je mehr Möglichkeiten man aber hat, desto mehr tritt die Frage nach dem richtigen Gebrauch der Möglichkeiten in den Vordergrund.

Was heißt in diesem Zusammenhang »richtig«? Im nachmetaphysischen Zeitalter besteht das Höchste, für das man im Diskurs noch Respekt einklagen kann, in nichts weiter als dem menschlichen Leben. Man betrachtet das eigene Leben als eine Art Gott – ihm gilt es zu dienen, von ihm bezieht man seine grundlegenden Maßstäbe. Sein oberstes Gebot lautet: »Fang etwas mit mir an!« An die Stelle des alten Begriffs der Sünde hat der Gott »Leben« einen existenziellen Vermeidungsimperativ gesetzt: »Verpfusch mich nicht!«

So klar diese Anweisung ist, so unklar bleibt freilich, wie man sie befolgen soll. Alle Welt macht sich darüber Gedanken, jeder berät jeden, man glaubt, zweifelt, verwirft und glaubt erneut. Der Glücksdiskurs zieht unsere Sozialwelt in ihren Bann wie ein Gottesdienst.

Dabei wächst zwar wegen der Vielzahl der Botschaften ständig die Verwirrung, doch lässt sich immerhin eine klare Fokussierung des Glücksdiskurses auf zwei Hauptfragen erkennen. Erstens: Wie vermeide ich Unglück? Zweitens: Wie werde ich glücklich? Der Akzent der kollektiven Glückssuche liegt in der Gegenwart eindeutig auf der zweiten Frage.

Im Gegensatz dazu empfiehlt Aristoteles aus gutem Grund, es bei der ersten Frage bewenden zu lassen[2]. Diese zielt nämlich auf konkrete, erforschbare, verhandelbare und in Grenzen planbare Dinge. Die Formen des Unglücks sind klar und für alle nachvollziehbar als Krankheit, Armut und Ohnmacht definiert. Um gegenzusteuern, kann man mit einigen Erfolgsaussichten an den objektiven Umständen ansetzen, wenn es auch keine Sicherheit gibt.

Die zweite Frage hängt zwar mit der ersten zusammen. Es ist schwer, glücklich zu werden, wenn es einem nicht gelingt, das Unglück abzuwehren. Doch das Vermeiden von Krankheit, Armut und Ohnmacht ist noch keine hinreichende Bedingung des Glücks. Wenn man endlich so weit gekommen ist, dass sich die zweite Frage überhaupt stellt, betritt man einen Bereich, in dem es ungleich schwieriger ist, erfolgreiche Routinen aufzubauen, sich klare Anschauungen zu bilden, mit anderen über Definitionen und Strategien zu reden, gute Ratschläge zu erfragen und zu erteilen. Beispielsweise lassen sich leichter Grundsätze darüber formulieren, wie ein Vermögen aufzubauen wäre als darüber, wie man sich damit ein schönes Leben machen könnte – der ökonomische Gewinn ist leichter zu planen als der psychische. Ebenso ist relativ eindeutig, was man tun muss, um einer Reihe von Krankheiten vorzubeugen; was man aber für sein Glück tun könnte, wenn man gesund ist, lässt sich nur mit großer Ungewissheit vermuten.

Geht es bei der ersten Frage um äußere Gegebenheiten, so fokussiert die zweite das Innenleben. Die Kulissen des Glücks sind als Szenarien möglichen und wählbaren Innenlebens gedacht.

10

Fußball, Popkonzerte, Werbespots, Fernsehen, Trendsportarten, Eigenheimarchitektur, Automodelle und Cybersex: Soziologisch gesehen handelt es sich bei spielerischen Kulissen (im Gegensatz zu lügnerischen) um etwas Ähnliches wie Sprache. Fußball etwa ist für die verstehende Soziologie eine Landschaft von Zeichen. Bei einer Reise durch diesen Symbolkosmos – Stadion, Fankurve, Sprechgesänge, Rituale auf dem Spielfeld, Interviewmuster, Bildregie im Fernsehen, Formen der Berichterstattung, Kommentare – teilt sich allmählich die öffentliche, einem Millionenpublikum vertraute Kulturbedeutung von Fußball mit, ohne jemals explizit zu werden.

Kulissen sind gemeinsam erschaffene und ständig weiterentwickelte Projektionsflächen für Gefühle, Wünsche, Phantasien, das Menschsein überhaupt. Eine Kernidee des Theaters ist auf das gesamte Alltagsleben übergesprungen; Kulissen sind allgegenwärtig geworden. Doch obwohl sie jede nur erdenkliche Form annehmen, bringen sie niemand in Verwirrung. Die Interpretation eines Teils der uns umgebenden Wirklichkeit als Inszenierung ist eine schon den Kindern verfügbare Kulturtechnik. Die Inszenierungen der Gegenwart sind nicht lügnerisch, sondern spielerisch; sie täuschen nicht, sondern wollen gestalten; sie sind eine unserer Kultur eigentümliche Form von Wirklichkeit. Das Wesen dieser Form besteht darin, dass Menschen sich selbst wirklich machen, indem sie sich in Szene setzen.

Wie kommt es dazu? Eine der Besonderheiten der gegenwärtigen kulturhistorischen Passage ist die Undeutlichkeit des Selbst für sich selbst. Wer sich durchs Leben kämpfen muss, wer also mit der Abwehr des Unglücks beschäftigt ist, hat keine Schwierigkeiten, seine eigenen Konturen zu erkennen und gewinnt Profil in der Auseinandersetzung mit den Gegebenheiten. Hat man jedoch dieses Stadium hinter sich gelassen, bleibt die Frage, wer man selbst denn eigentlich sei, zunächst offen. Weil dies bei sehr vielen Menschen der Fall war und ist, setzte in immer größerer Breite die Fabrikation von Subjektivitätsschemata ein. Die soziale Konstruktion der Wirklichkeit vollzieht sich nun zu einem wesentlichen Teil im Herstellen, Verwenden, Umbauen und Entsorgen von Modulen des Menschseins.

Wohl gibt es auch noch andere Möglichkeiten der Selbstfindung – Begegnungen, Gespräche, schöpferisches Tun, Kontemplation, Hingabe an eine selbstgewählte Aufgabe. Viel wichtiger ist in der Gegenwart aber die Vermarktung von Konstruktionselementen des schönen Lebens. Unsere Kultur bringt lawinengleich immer wieder neue Varianten dieser Form von Selbstfindungsangeboten hervor; sie institutionalisiert Mechanismen des Hervorbringens (Kulturmanagement, Marktforschung, Design, Erotikmessen, Quotenfeedback u. a.); sie ironisiert und reflektiert aber auch ständig ihre Versessenheit auf Kulissen. Grundmotive der Kulturkritik sind populär geworden und finden sich nun als selbstbezüglicher Bestandteil der kritisierten Kultur wieder, etwa die Befürchtung eines Ungleichgewichts zwischen subjektiver und objektiver Sphäre: Vergessen wir die Außenwelt über der Beschäftigung mit unserem Innenleben?

Damit befindet sich unsere Kultur in einer Bewegung, die als offener Lernprozess zu verstehen ist. Die altgewohnten Attacken auf die Kulturindustrie werden den Chancen und Risiken dieses Vorgangs schon deshalb nicht gerecht, weil die Gegenüberstellung von böser Kulturindustrie und guten, wenn auch verblendeten Menschen nicht stimmt. Zu sehr sind wir alle durch Wählen und Vermeiden an der Entstehung und Umformung kultureller Muster beteiligt, als dass wir uns durch das Feindbild einiger geldgieriger Drahtzieher aus der Verantwortung stehlen könnten.

Weil die Kulissenwelt den Raum des Menschenmöglichen inzwischen so dicht besetzt hat, dass jeder nur mögliche Gegensatz darin enthalten ist, gehört der Widerwillen, die schroffe Ablehnung, die Flucht zu den Überlebenstechniken in unserem Alltagsleben. Dem schnellen Weiterzappen des Motorsportgegners, der versehentlich in der Übertragung eines Autorennens gelandet ist, entspricht das Hohngelächter des Technofans, der sich beim Einschalten seines Autoradios für kurze Zeit in eine Sendung mit deutschen Kunstliedern der Romantik verirrt hat. In der Kulissenwelt herrscht ästhetische Demokratie, wenn sich auch viele gegenseitig unerträglich finden. Die Unterscheidung von gutem und schlechten Geschmack ist Privatsache geworden; alle Versuche, wieder eine allgemein anerkannte Hierarchie der Stile einzuführen, sind zum Scheitern verurteilt.

Wie kann man in dieser Situation überhaupt noch über kulturelle Muster reden? Übrig geblieben sind zwei Hauptformen: zum einen die ästhetische Selbstvergewisserung, in der Erlebnisse zur Sprache gebracht werden, also die Artikulation des jeweils eigenen Geschmacks; zum anderen die kultursoziologische Beschreibung der ästhetischen Praxis, das Herausarbeiten von Grundmustern, die sich in zahllosen Episoden wiederholen. Die erste Diskursform gehört unmittelbar zur ästhetischen Praxis dazu, die zweite nicht. Dass beides häufig miteinander vermengt wird, dass also Kulturbeschreibung oft mit dem Gestus allgemeinverbindlicher Geschmacksbewertung und nörgelnder Stilkritik daherkommt, wirkt wie eine Marotte unbelehrbarer Lehrer, auf die kaum noch jemand hört.

Kulturbeschreibung vollzieht sich inzwischen vor allem in kommerziellen Zusammenhängen. Die zeitdiagnostische Deutungskompetenz der Macher und ihrer Berater entscheidet über den wirtschaftlichen Erfolg von Konsumgütern, Veranstaltungen und Medienprodukten. Zumindest intuitiv müssen die Kulissenbauer dazu fähig sein, aktuelle Tendenzen des Menschseins zu erfühlen; sind sie es nicht, droht ihnen der Konkurs.

Jenseits dieser ökonomisch orientierten Gegenwartsdeutung liegt das Feld der Kultursoziologie. Ihr Ziel ist, implizite Elemente gegenwärtiger kultureller Formen explizit zu machen, damit sie der Reflexion und einer bewussten Entscheidung dafür oder dagegen zugänglich werden. Diese Entscheidung selbst ist aber schon nicht mehr Sache der Kultursoziologie. Es gibt dafür keine verbindlichen Grundlagen, und der persönliche Geschmack des Kultursoziologen ist nicht erwähnenswert.

Es scheint allerdings, dass nichts schwieriger ist als Zurückhaltung in ästhetischen Fragen. Jedem seinen eigenen Geschmack zuzubilligen, gehört inzwischen zwar zum guten Ton, doch die pflichtschuldige Relativierung eigener Geschmacksurteile ist immer nur ein Lippenbekenntnis, das unser ungeniertes, soziologisch nicht zu erreichendes Innenleben übertönen soll. Unsere Emotionen kümmern sich nicht um scharfsinnige Analysen; sie wollen nicht verstehen, sondern verstanden werden, und die Appelle an unsere ästhetische Toleranz erreichen nicht die Tiefenbereiche des Stammhirns: jene Regionen, wo Begeisterung und Ekel herkommen. Im Verhältnis zum Kulturimperialismus des eigenen Standpunkts ist alle Relativierung nur eine rhetorische Floskel, alle ästhetische Toleranz nur ein Handtuch, das man schnell über die Physiognomie des Widerwillens wirft. Dort, wo es in uns nicht mehr denkt, sondern fühlt, stehen wir voll Verachtung vor den Geschmacksverirrungen der anderen und sind voll Anbetung für unsere eigenen Fetische.

Selbst bei besonders reflektierten Zeitgenossen erweisen sich die von ihnen selbst geforderten Umgangsformen eines gereiften Relativismus schnell als brüchig. Uns allen ist es beispielsweise zuwider, wenn uns jemand mit schlechten Scherzen zum Lachen zu bringen versucht. Doch niemand kann verbindlich klarstellen, was eigentlich unter einem schlechten Scherz zu verstehen ist. Im Lachen und in seiner Verweigerung zeigt sich der ästhetische Despot in uns besonders unverfälscht. Dass sich etwa Norbert Bolz immer wieder als Konstruktivist zu erkennen gegeben hat, bewahrte ihn nicht davor, sich in einem exzellenten Artikel über Comedy objektivierender Begriffe wie »guter« und »schlechter Geschmack« zu bedienen[3]. Für uns Intellektuelle ist es immer nur ein kleiner Schritt vom Geltenlassen des Ärgernisses anderer Stile zur alten hochkulturellen Übereinkunft der geistigen Elite: dass das, was die Wissenden gut finden, auch gut *ist*, und was sie schlecht finden, anderen nur gut *scheint*.

Im dagegen ankämpfenden Versuch, die ästhetische Praxis fremder Milieus ernst zu nehmen und zu respektieren, ähneln sich Kommerz und Soziologie, doch die Soziologie geht einen Schritt weiter. Ihr besonderer Beitrag besteht in der distanzierten Betrachtungsweise. Das Hauptanliegen der Soziologie ist dialektischer Art: die Frage nach dem unerkannten, versteckten, vergessenen Anderen zu stellen.

Es gibt viele Möglichkeiten, über die Kulissen des Glücks dialektisch nachzudenken. Die unwichtigste davon wäre, nach weiteren, noch nie gesehenen Varianten zu suchen, denn dieses Geschäft betreiben schon genug andere mit aller Intensität. Dagegen gibt es einen großen und kaum erkannten Bedarf, den Gegenpol zu den Kulissen des Glücks zu beleuchten, dem sie erst ihre Existenz verdanken: das glückssuchende und erlebende Subjekt. Von diesem ist zwar unentwegt die Rede, sodass man meinen könnte, hierzu gäbe es kaum noch Neues zu sagen. Doch mit dieser Einschätzung kommt genau der Irrtum zur Sprache, der den Bedarf verursacht, neu über den Einzelnen im Verhältnis zu den Kulissen des Glücks nachzudenken.

Zwar ist es richtig, dass noch nie so viel Aufwand getrieben wurde, um den unendlichen Differenzierungen des Innenlebens entgegenzukommen. Technik und Markt sind extrem subjektreagibel geworden, sodass sich jeder seine eigene Szenerie zusammenmontieren kann. Was den Einzelnen ausmacht und worin sein Glück besteht, schlägt sich dieser Denkweise zufolge in der Komposition des Gewählten nieder. Das Glück eines Menschen wird mit dem Ensemble seiner nach persönlichem Geschmack zusammengestellten Kulissen gleichgesetzt: sein Auto inklusive Extras, der durchschnittliche Inhalt seines Kühlschranks, sein Kleiderbestand, sein Pfad durch Restaurants, Kneipen, Diskotheken, Veranstaltungen, seine Reisen und Aufenthalte an fremden Orten, sein Musik-Menue, seine Auswahl aus dem Angebot der Medien – Bilder, Texte, Gesichter, Körper und Geschichten. Die Individualisierung der Komposition von Kulissen und die weit gehende Freiheit des Wählens, Vermeidens, Entsorgens und Auswechselns legen den Schluss nahe: Ich bin, womit ich mich umgebe.

Aber das Ich ist wesensmäßig etwas anderes. Es manifestiert sich zwar im Gewählten; es begeistert sich für Botschaften, die etwa im Design einer Einbauküche zum Ausdruck kommen; es lässt sich zu Phantasien anregen; es nutzt die Szenarien des Erlebens. Es gibt aber einen Bereich des Ich, der jenseits aller Kulissen des Glücks liegt: der Bereich absoluter und unaufhebbarer Einzigartigkeit.

Ein zentrales Paradox der gegenwärtigen Kultur liegt darin, dass einerseits die Kultivierung des Singulären zum Programm von jedermann geworden ist

(»Ich bin auf der Welt, um ganz ich selbst zu sein«), andererseits aber genau dies zum Gegenstand von Diskurs und öffentlicher Inszenierung wurde.

Für das Selbstsein wird alles nur Erdenkliche getan. Man redet ununterbrochen darüber. Man psychologisiert, lässt sich von Therapeuten auf die Sprünge helfen und liest Ratgeber. Trendscouts und Marktforschungsinstitute spüren den aktuellen Bewegungen der Subjektivität nach. Popstars, Models, Politiker, Sportler und andere prominente Figuren versorgen die Öffentlichkeit mit immer wieder neuen Schemata des Menschseins. Die Versicherung der Einzigartigkeit wurde zur Standardfloskel, ob es nun um Motorräder, Zigaretten, Reisen, Kino oder um die Altersversorgung geht. Gerade dadurch aber, dass Individualität so intensiv diskutiert, beschworen, erforscht, angeboten und zugesichert wird, droht sie in Vergessenheit zu geraten. Die Kulissen des Glücks sind öffentlich, das gesuchte Glück dagegen privat.

»Wovon man nicht sprechen kann, darüber muss man schweigen«[4] – wir tun aber trotzdem so, als ob man darüber reden könnte. Die Folge ist, dass sich das, worüber man tatsächlich sprechen *kann,* in den Vordergrund schiebt, und das zu verblassen droht, worüber man schweigen muss. Im Diskurs über das persönlich empfundene Glück kann es immer nur über diskursfähige Dinge gehen, etwa um empirisch feststellbare Korrelate des Glücks, um beschreibbare Wege der Annäherung, um grobe Klassifikationen von Gefühlen, um anthropologische Universalien, um endokrine Ausschüttungen, um öffentlich sichtbare

Inszenierungen. Der Diskurs muss jedoch immer vor dem inneren Bezirk des Erlebens Halt machen.

Viele lassen sich vom Diskurs über das schöne Leben zwar den Weg zu ihrem inneren Bezirk zeigen und gruppieren die Kulissen des Glücks vor dem Eingang. Sie versäumen es dann aber, in vollem Bewusstsein hineinzugehen. Die Aufmerksamkeit bleibt oft nur auf das Öffentliche fixiert, während das Private als Nebensache, wenn nicht gar als Störung behandelt wird. Kennzeichnend für unsere Kultur ist ein häufiger Widerspruch zwischen Wollen und Handeln. Man will seine Einzigartigkeit ausleben, doch gerade die auffälligsten Wegweiser zu diesem Ziel führen daran vorbei.

Gewiss lässt sich damit leben; die Entscheidung aber, ob man tatsächlich auch so leben will, setzt zunächst voraus, dass man den kulturtypischen Widerspruch zwischen Wollen und Handeln kennt und das Andere versucht: die unaufhebbare Einsamkeit des Ich zu kultivieren und mit der Öffentlichkeit von Glücksdiskurs und Kulissenwelt zu verbinden. Nicht diese beiden Pole – Singularität und Gemeinsamkeit – machen den Widerspruch aus, sondern das Ignorieren der Polarität im Zusammenhang eines Lebensentwurfs, der sie implizit voraussetzt.

In einer ganz anderen Zeit lebend beschäftigte sich Montaigne mit dem gleichen Gegensatz. »Wenn ich schreibe, verzichte ich weitgehend auf die Gesellschaft der Bücher, damit sie die Darstellung meiner Gedanken nicht unterbrechen … Für mein Vorhaben kommt es mir auch zustatten, dass ich in einer ländlichen Gegend schreibe, unter Hinterwäldlern, von denen keiner mir helfen oder mich berichtigen kann. In anderer Umgebung hätte ich mein Werk besser geschrieben, aber es wäre minder mein gewesen; ebendarin besteht jedoch sein Hauptzweck, seine Vollkommenheit: ganz mein Eigen zu sein.«[5]

Nur scheinbar geht es hier um etwas anderes als etwa bei einer Pauschalreise nach Las Vegas. Das Schreiben steht in der gleichen Spannung zwischen Privatheit und Öffentlichkeit wie das Projekt des schönen Lebens. Wenn ich wirklich zum Autor meines Lebens werden will, tue ich gut daran, es gelegentlich Montaigne gleichzutun und jenen inneren Bezirk aufzusuchen, »in dem keiner mir helfen oder mich berichtigen kann.« Montaigne begreift Einsamkeit als Teil der Lebenskunst. Freilich zieht er sich nicht in sich selbst zurück. Er kennt die Welt und die Bücher, aber er bleibt nicht dabei stehen. Montaigne ist ein beispielhafter Wanderer zwischen Privatheit und Öffentlichkeit. Seine Konzentration auf sich selbst bedeutet nicht, dass er alles andere ausblenden würde. Dies liefe ebenfalls auf ein Ignorieren der Polarität hinaus, nur unter umgekehrten Vorzeichen. Wie beim Schreiben kommt es auch beim Umgang mit den Kulissen des Glücks darauf an, zwischen innen und außen zu wandern.

In den folgenden Texten taucht die Spannung zwischen innen und außen und das labile Gleichgewicht zwischen den beiden Polen in verschiedenen Facetten auf. Das Buch ist nicht als systematische Untersuchung angelegt, sondern als eine Folge von Streifzügen: Annäherungen an verschiedene Ausprägungen eines zentralen Aspekts der gegenwärtigen Kultur. Die Unterschiedlichkeit der Themen bedingt zwar einerseits jeweils andere Beobachtungen und Überlegungen, andererseits werden aber gerade dadurch Grundmuster der sozialen Wirklichkeit erkennbar. Wie Leitmotive wiederholen sich bestimmte Beschreibungsformeln von Kontext zu Kontext: Folklorisierung, Kreislauf des Subjektiven, Marktgeschehen als Diskurs, Rationalisierung des Erlebens, Subjektzentrierung, Singularität des Ich, kollektives Lernen. Dass die Texte aneinander anklingen, ist nicht als Redundanz, sondern als soziologischer Hinweis zu werten.

Der auf diese Einleitung folgende Beitrag beschäftigt sich mit dem Widerspruch von Intimität und Inszenierung. Im daran anschließenden Aufsatz wird die Entwicklung des Lachens in den neunziger Jahren als Anzeichen einer Annäherung an das Private im Zeichen der Ironie interpretiert. Eine weitere Abhandlung reflektiert die gemeinsame Konstruktion von Kulissen des Glücks in einem marktförmig organisierten Diskurs zwischen Medienanbietern und -nachfragern. Der dann folgende Beitrag geht über die Welt der Medien hinaus; er widmet sich allgemein der Eventfolklore. Der letzte Beitrag des Buches knüpft an die Einleitung an. Sein Thema ist das, wovon man nicht sprechen kann – die subjektive Einzigartigkeit. Der Epilog umkreist dieses Thema durch einige Bemerkungen über das Bett.

Sauscharf. Die Rationalisierung der Sinnlichkeit

Vor mehr als fünfzig Jahren zog Claude Lévi-Strauss längere Zeit mit dem Volk der Nambikwara umher, einer auf steinzeitlicher Stufe lebenden nackten Nomadenhorde im Norden Brasiliens. In seinem Buch »Traurige Tropen« berichtet er: »Alle Liebesangelegenheiten erregten das Interesse und die Neugier der Eingeborenen im höchsten Maße; begierig lauscht man Gesprächen über diese Dinge, und die im Lager ausgetauschten Bemerkungen sind voller Anspielungen und Zweideutigkeiten. Die sexuellen Beziehungen finden meist in der Nacht statt, zuweilen in der Nähe des Lagerfeuers; meist aber entfernen sich die Partner in den angrenzenden Busch. Dieses Verschwinden wird sofort bemerkt und gibt den Umstehenden Anlass zu lärmender Freude; Kommentare und Scherze werden laut, und sogar die kleinen Kinder teilen die allgemeine Erregung, deren Ursache sie sehr gut kennen. Zuweilen verfolgt eine kleine Schar von Männern, jungen Frauen und Kindern das Paar: Sie versuchen, durch die Zweige hindurch Einzelheiten zu erspähen und flüstern miteinander, das Lachen unterdrückend.«[6]

Es fällt uns zunächst nicht schwer, uns in dieser Schilderung wiederzufinden. Von den glucksenden Voyeuren vor dem Busch scheint es nur ein kleiner Schritt zum weltweiten Klatsch über die Affären von Prominenten. Die öffentliche Inszenierung von Intimität lebt von einer unerschöpflichen Neugier auf Altbekanntes. Wie erstaunlich die Anziehungskraft von Enthüllungen ist, zeigt sich im Durchhaltevermögen der Fernsehzuschauer, der Zeitschriftenleser, der Pornokonsumenten. Die Schlichtheit der Darbietungen lässt keine Reduktion mehr zu, ihre Massenhaftigkeit keine Steigerung. Dass dennoch das Interesse nicht erlahmt, weist auf die Unbezwingbarkeit sexueller Lustsuche hin.

Wir sehen eine universelle Kraft am Werk, doch wie sie ausagiert wird, unterscheidet sich von Kultur zu Kultur. Entgegen dem ersten Anschein ist die Entfernung zwischen unseren Wohnzimmern und dem Busch natürlich riesig. Was würde einem Besucher vom Stamm der Nambikwara bei uns als Erstes auffallen? Dass man den Sex nicht mehr hinter den Busch verbannt: Er wird herumgezeigt.

Die Sexsendungen im Fernsehen sind nur eine Facette der öffentlichen Inszenierung von Intimität. Es gibt den Telefonsex, den Prostitutionstourismus, die sich selbst inflationierende Pornobranche, den Gerätepark des Sexartikelhandels, die Anzeigenblätter mit ihren Rubriken für jede erdenkliche Variante der Sexualität, die Swingerclubs, es gibt Spezialgeschäfte für Fetischzubehör, es gibt jede Woche neu die Veröffentlichung des Intimen in den ganz normalen Zeitschriften neben der Kasse im Supermarkt, es gibt in allen größeren Hotels das Pay-TV mit obligatem Hardcore-Programm, und im Internet wird der Suchbegriff »Sex« häufiger als jeder andere verwendet.

Die Zukunft der Sinnlichkeit wird davon abhängen, wie gut wir ihre Gegenwart durchschauen. Zwar schreien die Bilder, doch wie sind sie zu verstehen? Was kommt zum Ausdruck, wenn im Fernsehen beispielsweise folgende Themen behandelt werden: »Das sexuelle Erwachen von Mädchen«, »Der Charme dicker Frauen«, »Schwule und Lesben in der Provinz«, »Großer Penis«, »Fett in Strapsen«, »Ich kenne keine Scham«, »Frauen denken nur mit dem Unterleib«, »Wie werde ich ein Pornostar«, »Ich gehe fremd«, »Meine Tochter ist lesbisch«?

Gelegentlich scheint Protest aufzukommen; so gab es 1998 in Deutschland eine mehrwöchige Debatte über das »Schmuddelfernsehen«. Doch der Eindruck der Entrüstung täuscht. Die moralische Assoziation im Etikett »schmuddelig« lebt nur noch als sozialgeschichtliche Erinnerung. Worte wie »schmuddelig«, »sündig« oder »pervers« sind übrig gebliebene Hülsen einer nur noch in wenigen Enklaven überdauernden moralischen Distanzierungsrhetorik. Inzwischen füllen sich die Worthülsen mit anderen Inhalten. Sie werden zu Lockmitteln, zu Komplimenten, zu beifällig aufgenommenen Bekenntnisfloskeln, zu Lebenssinn und zu Sammelbezeichnungen für Themensparten und Marktsegmente.

Der Weg zum Begreifen jener Szenen, in denen eine Moderatorin Studiogästen Torten überreicht, die den Genitalien nachgebildet sind, führt über die Feststellung, dass diese Szenen eine bestimmte Gemeinsamkeit mit zahllosen anderen Szenen aufweisen, in denen Sexualität keine hervorgehobene Rolle spielt. Gleichgültig, wo man landet, etwa bei einer Soap, im Sportstudio oder im Werbeblock, gleichgültig auch, ob man das Fernsehgerät ganz ausschaltet und sich eine Pizza holt, oder ob man jemand anruft, um Urlaubspläne zu besprechen: Es geht auch dabei immer um das *Eine*, und dieses ist viel umfassender als der Mediensex, in dem es nur sehr auffällig zum Vorschein kommt. Selbst der Akt des Wegzappens gehört zu diesem Einen dazu. Worin besteht es?

Hier knüpft die Abhandlung an den Einleitungsbeitrag an. Das Eine: dies ist die individuelle Glückssuche, eingebettet in einen öffentlichen Diskurs, einen kollektiven Lernprozess, vergleichbar dem Erlernen des Reisens im Zeitalter der Eisenbahn. Damals wurde die Gesellschaft mobil, nun hat sie sich angeschickt, partout glücklich zu werden, glücklich in einem Sinn, der nicht primär die äußeren Umstände, sondern das Innenleben meint. Dazu gehört an einem prominenten Platz die Sexualität.

Hintergrundthema des kollektiven Lernprozesses ist der Umgang der Menschen mit sich selbst in einem entgrenzten Möglichkeitsraum. In der Vergangenheit richtete sich das kollektive Lernen auf die Natur und ihre Beherrschung. Wir waren enorm erfolgreich. Dadurch kam es erst zu jener Entgrenzung, die unser Leben jetzt zwar angenehm, aber auch schwierig macht, so schwierig, dass in der Gegenwart ein ganz neues Kapitel unserer Lerngeschichte ansteht.

Die Psychoanalyse war noch die therapeutische Antwort auf die Hemmung der Sexualität. Brauchen wir nach der Therapie der Hemmung nun eine Therapie der *Enthemmung*? Ihre Erfindung würde einen verbindlichen Krankheitsbegriff voraussetzen, doch wo sollte dieser herkommen? So bleiben wir auf uns selbst gestellt. Jeder muss nun irgendwie mit zwei Botschaften zurechtkommen, zum einen mit dem machtvollen »Hier bin ich« des eigenen Körpers, zum anderen mit dem auf diese Botschaft bezogenen Kommentar der Gesellschaft: »Mach damit, was du willst.«

Die Entgrenzung des Intimlebens macht oberflächlich den Eindruck der Verflüchtigung von Moral. In Kennzeichnungen wie »hemmungslos«, »schamlos«, »geschmacklos« artikuliert sich Auflösungsangst. Das positive Gegenstück dazu ist die Rede von der Liberalisierung. Diese Selbstbeschreibung spiegelt zwar eine Wahrheit wider, aber nur zur Hälfte. Sie charakterisiert den Wandel der Moral bloß durch den Wegfall der alten; was dabei weitgehend fehlt, ist ein Verständnis für die neue Moral. Dass es eine solche nicht gebe, ist ein weit verbreiteter Irrglaube.

»Moral«: Das Wort hat immer noch einen unguten Beiklang. Man denkt an Verbote, Bußpredigten und bohrende Fragen im Beichtstuhl: »Hast du dich berührt? Hattest du unreine Gedanken? Hast du dich versündigt?« Die christlich-abendländische Tradition war durch ein tiefes Misstrauen gegenüber der Sexualität geprägt, ein Misstrauen, das selbst den Abschied von dieser Tradition im 18. Jahrhundert überstanden hat. Die Aufklärung ersetzte die theologischen Kategorien von »gut« und »böse« lediglich durch die medizinischen Kategorien von »gesund« und »krank«[7]. Wir kommen aus einer Vergangenheit, in der das Intime unter Generalverdacht stand und mit schlimmen Folgen verbunden wurde, sei es mit Fegefeuer, sei es mit körperlichen Schäden. Die Rede war dabei nicht bloß von Geschlechtskrankheiten, sondern von Sexualität als solcher. Zunächst waren es theologische Erwägungen, die eine Grenze zur Zone der Lust errichteten, dann sozialhygienische und therapeutische.

Erst in der zweiten Hälfte des zwanzigsten Jahrhunderts setzte die definitive Auflösung dieser lustfeindlichen Haltung ein. In der Geschichte bundesrepublikanischer Entrüstungen wurden die Anlässe immer gravierender, die Emotionen dagegen immer moderater. Anfang der fünfziger Jahre entfesselte Willi Forsts Film »Die Sünderin« ein nationales Moralgewitter; es kam sogar zu Schlägereien zwischen Gegnern und Anhängern[8]. Gezeigt wurde Hildegard Knef in der Rolle einer Prostituierten, sekundenlang sogar nackt in Rückenansicht. Man nahm Anstoß daran, dass der Film keinen Anstoß nahm. In den sechziger Jahren riefen die zurückhaltenden sexuellen Szenen in Ingmar Bergmanns »Schweigen« bereits eher Verstörung als Empörung hervor. Komplett wird das Verlaufsbild einer reziproken Entwicklung von Entblößung und Entrüstung erst mit einer dritten Szene aus der Gegenwart. In der Arabella-Kiesbauer-Affäre des Jahres 1998 ging es einerseits um Magazinbeiträge, in denen alle Facetten menschlicher Sexualität in größter Eindeutigkeit und Ausführlichkeit in Szene gesetzt wurden, andererseits aber blieb die Polemik im historischen Vergleich reichlich milde. Matt versicherten die Hauptpersonen, so etwas solle nicht wieder vorkommen, jedenfalls nicht am Nachmittag. Die solchermaßen geschützten Kinder und Jugendlichen konnten sich wieder der Lektüre von »Bravo« zuwenden, um in Erfahrung zu bringen, was sie schon immer über Sex wissen wollten.

Die ganze Episode macht mehr den Eindruck eines kurzen erstaunten Innehaltens als einer vehementen moralischen Gegenoffensive. Wir sind uns selbst noch fremd. Unsere Unsicherheit kleidet sich in Argumente, die noch letzte Spuren jener Zeit tragen, in der Sexualität als Sünde oder Krankheit galt. Aber diese Argumente hängen in der Luft, denn der normative Rahmen hat sich hinter dem Rücken der Diskursteilnehmer völlig gewandelt. Man sieht das etwa an der Diskussion, ob die Potenzpille »Viagra« von den Krankenkassen zu bezahlen ist. Nicht mehr Sexualität gilt nun als Krankheit, sondern ihr Ausbleiben.

»Ich will um Gottes Willen nicht moralisch sein«, sagte selbst die Bayerische Sozialministerin Barbara Stamm in einem Streitgespräch mit Arabella Kiesbauer in der Süddeutschen Zeitung. Mit »moralisch«

meinte sie offenbar so etwas wie lustfeindlich, verklemmt, prüde. Dies also nicht. Eine Vertreterin der Bayerischen Staatsregierung bekennt sich zur sexuellen Freizügigkeit. Was bleibt, sind Fragen des Jugendschutzes. Die Inszenierung von Intimität wurde zu einem ganz normalen Konfliktfeld des täglichen Lebens. Auch drastische Thematisierungen von Sexualität führen nur noch zur Reaktion eines indignierten Kopfschüttelns. Man begeht keine Sünden mehr, sondern Ordnungswidrigkeiten, man zahlt keine Ablassbriefe, sondern Geldstrafen. Argumentationslogisch gibt es keinen wesentlichen Unterschied zwischen Geschlechtsverkehr und Straßenverkehr, die Landesmedienanstalten stehen auf einer Stufe mit den Politessen, die Parksünder aufschreiben.

Um das Verhältnis unserer Zeit zur Sexualität zu bestimmen, genügt es allerdings nicht, sie als Zeit der Entfesselung zu begreifen. Man erfasst damit bloß das Verschwinden von Verbotsnormen. Was aber ist das Neue? Der entscheidende Wandel liegt darin, dass Sexualität von etwas *Verbotenem* zu etwas *Gebotenem* wurde. Liberalisierung ist nur die halbe Wahrheit, die andere Hälfte heißt Gestaltungsanforderung. Kam es früher lediglich darauf an, das Verbotene zu unterdrücken oder es doch wenigstens in bürgerliche Bahnen zu pressen, so geht es jetzt um etwas viel Schwierigeres, nämlich etwas Gebotenem Wirklichkeit zu verleihen. In der Geschichte der Intimität schreiten wir vom Vermeiden zum Erschaffen, von der Defensive zur Offensive, von der therapeutischen zur künstlerischen Herangehensweise.

Mit diesem Wandel geht ein Wechsel der Autoritäten einher. Im Zeitalter des Verbots waren es außersubjektive Instanzen, die sich des Subjekts zu bemächtigen versuchten: offizielle Sexualmoral, Kirche, Staat, Medizin, Gerichte. Im Zeitalter des Gebots ist es nun das Subjekt selbst, das führen muss. Niemand befiehlt ihm dies. Der Zwang zur Selbstführung ergibt sich einfach aus dem Umstand, dass alle anderen Autoritäten verschwunden sind.

Die Situation des Einzelnen entspricht dem Film von Jan Troell »Hier hast du dein Leben«. Im gegenwärtigen Moment der Kulturgeschichte der Sexualität geht es schon nicht mehr um Befreiung, sondern um das Handeln *nach* der Befreiung. Hier hast du dein Leben, hier hast du deine Sexualität. Es ist gleichgültig, ob du dies willst oder nicht. Du kannst deine Sexualität nur durch Selbstmord loswerden. Solange du aber lebst, musst du irgendetwas damit anfangen. Sogar wenn du sie unterdrückst, wirst doch du es sein, der die Verantwortung in den Händen hält.

Man steht vor seinem Leben und seinem Körper wie der Virtuose vor dem Klavier. Es gilt nicht mehr als Ruhestörung, wenn man sich des Instruments bedient. Die entscheidende Frage ist vielmehr, ob man wirklich Virtuose ist: ob man es kann. Wenn man den Wandel der Moral nicht als Wegfall, sondern als Umbau versteht, beginnt man über die Veröffentlichung des Intimen anders zu denken.

Das Herzeigen des Privatesten dauert in unserer Kultur zwar noch nicht lange, doch hat es schon seine Geschichte. Drei Phasen lassen sich unterscheiden. Zunächst, in den frühen sechziger Jahren, herrschte die Lust des Spanners am Schlüsselloch vor. Man *schaute*; noch waren Nacktheit, intimes Bekenntnis und mediatisierte sexuelle Handlung sensationell. Als dies bald so gewöhnlich geworden war wie die Tageszeitung, begann die zweite Phase. Mehr und mehr antwortete nun die öffentliche Inszenierung von Intimität auf den Gestaltungsimperativ, der Menschen im entgrenzten Möglichkeitsraum umtreibt. Die Hauptbedeutung der Inszenierung bestand jetzt in der Vorführung von Schemata des Menschseins. »Schaut her«, hieß die Botschaft, »so zum Beispiel könntet ihr sein; so zum Beispiel könntet ihr es machen«.

Nach einigen Jahren setzte die dritte Phase ein. Wir sind nun umgeben von einer lärmenden Sexualfolklore, die das ständig lauernde Interesse am Intimen gleichzeitig anlockt und frustriert. Die lachende Verheißung prallen Lebens wurde zu einer Routine, die mit dem Wetterbericht vergleichbar ist.

Für alles, was diese Routine belebt, müssten die Akteure und Profiteure eigentlich kniefällig dankbar sein. Dass etwa die Landesmedienanstalten hin und wieder Beschränkungen der Entblößung einklagen, ist ganz im Sinn der Inszenierungsanbieter, weil der moralische Einspruch wenigstens die Illusion von ein bisschen Heimlichkeit erzeugt. Gelegentliche Einsprüche wirken wie Versuche, den Busch der Nambikwara zu rekonstruieren. Sie erzeugen ein letztes Quentchen Sündhaftigkeit, eine wenigstens noch schwach prickelnde Suggestion von Obszönität, eine gerade noch spürbare Spannung der Überschreitung.

Tabus sind längst keine mehr zu brechen, doch aus dramaturgischen Gründen wird die Inszenierung immer noch tabubrecherisch orchestriert. Sie lebt nach wie vor von der Vortäuschung von Wagnissen, obwohl es absolut nichts mehr zu wagen gibt. Das Lachen und Johlen des Studiopublikums, das demonstrative Gut-drauf-sein der Moderatoren, die eingefahrene Rhetorik von »Ich tue was mir gefällt«, die routinemäßige Versicherung, es sei doch gar nichts dabei, es sei doch ganz natürlich, es sei doch menschlich-harmlos, all diese Hinweise tun so, als ob es ein prüdes Umfeld tatsächlich noch gäbe. Das Herzeigen des Intimen wird mit dem Prestige eines Befreiungsaktes geschmückt. Konformität bemäntelt sich als Nonkonformismus. Das Langweilige macht sich interessant, indem es vortäuscht, es wäre von Zensur bedroht.

Was hält die öffentliche Inszenierung von Intimität am Leben? Längst ist die Faszinierbarkeit der Öffentlichkeit durch Nacktheitssteigerung verbraucht. Solange sich der Vorhang immer noch ein Stückchen weiter wegziehen ließ, lockte die Magie der Enthüllung, obwohl jeder wusste, was sich hinter dem Vorhang befand. Erregend war die Entblößung als solche. Das Wagnis der Aufhebung von Heimlichkeit konnte wirken, weil die Heimlichkeit noch bestand. Doch dieser Effekt ist restlos verbraucht.

Voyeurismus erklärt nur die Entstehung unserer Sexualfolklore, nicht aber ihren Fortbestand. Entscheidend für ihr Andauern ist das Motiv der Ratlosigkeit. Verurteilt zum Dasein, ausgestattet mit einer ständig drängenden, aber zunächst amorphen Lebensenergie, gezwungen zur Selbsterfindung, landen Menschen in Erlebniswelten, buchen All-Inclusive-Urlaube, schlafen auf ihren Spielzeugbergen ein, gehen satt ins Restaurant, beteiligen sich an der Sexualfolklore. Hintergrundidee ist nicht mehr die Eroberung sexuellen Lebensraums durch Verbotsüberschreitung, sondern die Erlösung von existenzieller Ratlosigkeit in einer längst entgrenzten Situation durch Dienstleistungen der Gestaltgebung.

Auf das Motiv der Ratlosigkeit antwortet das Ratgeben. Die Inszenierung befreit nicht nur im Augenblick ihres Ablaufs von der Last unorganisierten Daseins. Sie weist vielmehr über diesen Augenblick hinaus, indem sie sich als *exemplarische* Inszenierung gibt, die den Einzelnen mit existenzieller Organisationshilfe auszustatten beansprucht. Handgriffe, Verlaufsschemata, apparative und medikamentöse Hilfsmittel, sexuelle Muster vom Gummifetischismus bis zur Windelpraxis, gymnastische Demonstrationen: Neben der Bedienung von Voyeurismus, der wegen chronischer Übersättigung nicht mehr recht zu befriedigen ist, lebt die Inszenierung des Intimen vom Motiv der Gebrauchsanweisung für den eigenen und den fremden Körper.

Der Mensch macht sich selbst zum Gegenstand des technischen Blicks. Wie die Gentechnik die Produktion des besseren Körpers und der besseren Persönlichkeit schon ins Visier genommen hat, so verspricht die Lusttechnik die Produktion besserer Erlebnisse. Von der Rationalisierung der Natur wendet sich die Idee der technischen Gebrauchsverbesserung nun dem Subjekt selbst zu.

Unsere Sozialwelt ist durchdrungen von der Denkfigur der Erlebnisrationalität. Dabei versucht man, das Äußere für das Innere zu instrumentalisieren. Innen, im Zielgebiet, sind Erlebnisprojekte definiert – Erregung, Lust, Ekstase, Orgasmus, Superorgasmus, viele Superorgasmen. Außen agiert der sich selbst manipulierende Mensch als kompetenter Arrangeur von erlebnisproduzierenden situativen Auslösern, vom Intimschmuck bis zum Kondomsortiment, vom Zubehör für die Diversifikationen des Spartensex bis zur Potenzpille. Zum situativen Auslöser gehört auch der Partner. Die erlebnisrationale Sichtweise deutet die ganze Welt als Selbstbefriedigungsgerät. Der Intimbereich wird derselben Logik unterworfen wie das Reisen, das Essen, das Wohnen, das Leben in seiner Gesamtheit.

In einem ganz neuen Sinn ist Sexualität im erlebnisrationalen Denken zur Privatsache geworden. Galt das Private noch bis in die fünfziger Jahre hinein eher als Zone tunlichst zu verbergender intimer Geschehnisse, so ist es nun zum Nährboden von Selbstdarstellung, Konsumbedürfnissen und Ansprüchen im öffentlichen Raum geworden. Das »Outen« ist die kulturelle Erfindung einer Gesellschaft, in der das Private sich höchstens vor der Öffentlichkeit zurückzieht, um ungestört zu sein, nicht aber, um seinerseits nicht zu stören. Es beruht dennoch auf einer optischen Täuschung (im buchstäblichen Sinn), wenn Zeitbeobachter, also wir alle, den Eindruck einer »schamlosen Gesellschaft« gewinnen.

Der Augenschein sexueller Entgrenzung verdeckt neue Formen der Einfriedung. Man sieht den Wald vor lauter Bäumen nicht. Gewiss, Sexualität wird öffentlich, wo man geht und steht. Schamlos ist die Gesellschaft trotzdem oder genau deswegen nicht, denn gerade durch die öffentliche Inszenierung von Intimität *ergibt* sich ihre Eingrenzung. Inszenierungen finden innerhalb fester zeitlicher, räumlicher und medialer Grenzen statt. Zwar ist alles erlaubt, aber nicht überall und zu jeder Zeit. Der Zugang zur Inszenierung von Intimität vollzieht sich durch individuelle Wahlhandlungen. Die Zivilisierung des Tabubruchs ergibt sich daraus, dass er in Programmzeitschriften als ein Ereignis ausgewiesen wird, das sich in einem bestimmten Kanal zu einer bestimmten Zeit ereignen wird. Jenseits der offiziellen Enklaven der Schamlosigkeit erscheint unsere Kultur unerotisch und sexuell amorph.

In den Alltagszonen außerhalb der öffentlich zugänglichen Reservate für Intimität gehört das Intime nicht zur Sache; alles zu seiner Zeit und an seinem Ort. Nicht mehr der Busch ist es nun, der das Intime vom Öffentlichen trennt, sondern, da das Intime öffentlich geworden ist, die zeitlichen, räumlichen und medialen Funktionsdifferenzierungen des öffentlichen Raums. Sexuelle Grenzüberschreitungen haben am falschen Ort oder zur falschen Zeit bei dieser neuen Gestalt nicht mehr den Charakter der Enthüllung, sondern der äußerst peinlichen situativen Unangemessenheit.

Wo das Intime sachlich angemessen erscheint und zugelassen ist, folgt seine Gestaltung den Gesetzmäßigkeiten von Inszenierungen unter Konkurrenzbedingungen und ökonomischem Erfolgsdruck. Es kommt zu einem allgemeinen Steigerungswettlauf nach Gesichtspunkten, die kaum etwas mit der Psychologie der Intimität zu tun haben, viel dagegen mit der Psychologie des Herzeigens vor einem Publikum. Nicht die Sinnlichkeit führt Regie, sondern die Konkurrenz um die knappe Ressource Aufmerksamkeit[9]. Die Erfindung des Subjektiven folgt der Logik der Medien. Dass sich beides widerspricht – Gestaltung der Intimität einerseits und Dramaturgie der Massenkommunikation andererseits – sieht man allenthalben: Zeitverkürzung besiegt das Abwartenkönnen; Entsinnlichung durch Einschränkung auf visuelle Reize tritt an die Stelle sinnlicher Vielschichtigkeit; thematische Konzentration auf sexuelle Sachbereiche verdrängt alle spielerische Anarchie; einfachste Schemata verdrängen die Komplexität der Erotik. Wo man nach Faszination suchen könnte, endet alles mit symbolischen *Versicherungen* der Faszination: irgendetwas sei »super«, mache wahnsinnigen Spaß, man müsse es erleben, man könne es nicht beschreiben. Ein existenzielles Thema verflüchtigt sich in lockeren Sprüchen.

Aber die Deformation des kollektiven Lernprozesses ist eine doppelte. Zur Verzerrung durch die Logik der Medien gesellt sich die Verzerrung durch die Logik erlebnisrationalen Denkens. Längst wurde die

Rationalisierung des Erlebens im Allgemeinen und der Sexualität im Besonderen so übertrieben, dass sie zu einer intelligenten Form der Idiotie wurde.

Intelligent erscheint sie wegen der systematischen Ausbeutung von Informationen durch das Zweck-Mittel-Schema, einfältig wegen ihrer Verwechslung von Subjekt und Objekt. In der öffentlichen Inszenierung von Intimität führen die Ingenieure Regie. Ihre Religion besteht aus drei Glaubenssätzen. Erstens: Im Zielbereich gibt es immer noch Spielraum für Steigerungen. Zweitens: Der Zielbereich steht in konstanten, naturgesetzlichen Beziehungen zum Bereich der Mittel. Drittens: Mit zunehmender Kenntnis dieser Gesetze lassen sich ständig neue Steigerungen erzielen. Es ist der Denkstruktur nach dasselbe, ob sich dieses Paradigma sexualtechnologisch artikuliert (»um seine Lust zu steigern, muss man dieses tun und jenes lassen«) oder ob es um die Erhöhung der Leistung eines Staubsaugers geht. Die Beschränktheit des Denkens liegt in der Gleichsetzung von Menschen mit Maschinen.

Allerdings könnte sich diese Beschränktheit als stabil erweisen. Zwar bringt sie nicht viel ein, aber diejenigen, die an sie glauben, wissen nicht, was Ihnen entgeht. Sie ähneln manchen Großstadtbewohnern, denen die Natur unbekannt geblieben ist, weshalb sie niemals Sehnsucht nach einem Spaziergang verspüren können.

Einen Gewinn wirft der erlebnisrationale Glücksdiskurs allerdings ab: Er erzeugt die kostbare Illusion des Beratenseins. Warum diese Illusion so kostbar ist, hängt mit dem Gebotscharakter gelingender

Intimität zusammen. Wir leben unter Erfolgszwang. Wehe uns, wenn uns das Projekt des schönen Lebens misslingt – wozu sind wir sonst auf der Welt? Der Erfolgszwang gewinnt seine volle Schärfe erst daraus, dass der Sinnhorizont der normalen Lebensphilosophie meist auf den Einzelnen beschränkt bleibt. Jeder wird selbst zur Definitionsinstanz für Lebenssinn. Ich bin gleichzeitig Anspruchsteller, Ingenieur meiner selbst und Richter über die Befriedigung meiner Ansprüche. In diesem nicht über mich hinausweisenden Sinnerzeugungszyklus muss ich versuchen, mein Leben in Fahrt zu bringen und durch die Zeit zu lavieren.

Erinnern wir uns an das Montaigne-Zitat im ersten Beitrag. Die Beziehung des Einzelnen zu sich selbst ähnelt der Beziehung des Schriftstellers zum noch unbeschriebenen Blatt. Das Privatleben ist zunächst nichts als ein Vakuum. Wenn einem nichts einfällt, bleibt das Leben leer. Die Selbsterfindung, die unausweichlich und an erster Stelle auch eine *intime* Selbsterfindung ist, zeigt sich als Chance und Gefahr zugleich. Die Gefahr ist die des künstlerischen Scheiterns: Das Blatt bleibt entweder ganz leer oder es füllt sich mit einer banalen Geschichte. Die letzte noch mögliche Sünde ist die Langeweile. Von daher gewinnt die Illusion des Beratenseins ihren enormen Wert, und deshalb könnte sich die doppelte Deformation des kollektiven Glücksdiskurses als stabil herausstellen. Das Versagen maskiert sich als Erfolg.

Trotzdem ist die Bilanz positiv. Der Gewinn an Freiheit ist höher einzuschätzen als die Unfähigkeit, sie zu nutzen. Skandalös, wenn dieses Wort überhaupt passt, ist nicht das so genannte Schmuddelige, sondern das institutionelle und kommerzielle, vor allem aber das persönliche Versagen beim Erlernen der Freiheit. Kollektives Lernen ist kein Wert an sich, es kann auch pathologisch sein.

Aber was heißt schon »pathologisch«? In seinem Lehrbuch »Sexuelle Störungen und ihre Behandlung« definiert Volkmar Sigusch Störungen als Blockade »sexuellen Eigensinns«[10]. Das ist alles. Die Fortsetzung der Definition wäre von jedem selbst zu leisten. Von einigen basics abgesehen, kann einem niemand etwas raten. Eigensinn heißt: Kunst, Phantasie, Kreativität, Mut zur Singularität.

Natürlich gibt es sexuellen Eigensinn längst, teils bewusst kultiviert, teils als Nebenprodukt, fast aus Versehen. Die öffentliche Inszenierung von Intimität hat mit dem real existierenden Eigensinn höchstens in der Weise zu tun, dass sie ihn verstellt. Ein kollektiver Lernprozess, der Eigensinn in Form von Rezepten und Schemata zu vermitteln vorgibt, ist ein Widerspruch in sich selbst. Man kann nur darauf hinweisen, dass es den Eigensinn überhaupt gibt und dass es auf ihn ankommt. In der Sprache von Max Weber hört sich dies so an: »Allem Sachlichen, Rationalen, Allgemeinen so radikal wie möglich entgegengesetzt, gilt die Grenzenlosigkeit der Hingabe (in der erotischen Beziehung) dem einzigartigen Sinn, welches dies Einzelwesen in seiner Irrationalität für dieses und nur dieses andere Einzelwesen hat ... Gerade darin: In der Unbegründbarkeit und Unausschöpfbarkeit des eigenen Erlebnisses, weiß sich der

Liebende in den Kern des wahrhaft Lebendigen eingepflanzt, der jedem rationalen Bemühen ewig unzugänglich bleibt, den kalten Skeletthänden rationaler Ordnungen ebenso völlig entronnen wie der Stumpfheit des Alltages.«[11]

Wem dies nichts sagt, der kann aus *Erzählungen* lernen, etwa, um eines von zahllosen Beispielen anzuführen, aus dem kleinen Roman »Der Vorleser« von Bernhard Schlink[12]. Dort wird die Affäre zwischen einem 15jährigen Jungen und einer 36jährigen Frau geschildert, wobei aber die direkt sexuellen Beschreibungen verschwindend geringen Raum im Verhältnis zur Darstellung des Innenlebens der Beteiligten einnimmt.

Schriftsteller genießen den Vorzug, nicht alles sichtbar und hörbar machen zu müssen. Die Sprache erlaubt ihnen ausgedehnte Reisen in die Kosmen des Eigensinns. Fast immer wird dabei deutlich, dass Sexualität nur Teil einer viel umfassender zu denkenden Intimität ist, ja dass Intimität auch ohne Sexualität auskommen kann.

In Erzählungen lassen sich Momente schildern, in denen Normalität plötzlich zerplatzt und atemberaubende Direktheit entsteht, oder auch quälendes Missverständnis, unbegreifliche Spannung und unverhoffte Auflösung. Überraschende kleine Fluchten führen nach kurzer Zeit in ein Terrain, in dem eine andere, zutiefst eigensinnige Normalität aufkeimt. Hier wird der Stoff sichtbar, aus dem Intimität bestehen kann: eine einzigartige gemeinsame Geschichte, gestaltet von zwei Personen, die sich in ihrer Einzigartigkeit begegnen.

Die sprachliche Erschließung des Innenlebens in Erzählungen ist der genaue Gegenpol zu der überaus reduzierten Erregungsrhetorik der Sexualfolklore: »totaler Wahnsinn«, »super«, »echt stark«, »irrsinnig scharf«, »macht mich unheimlich an«, »ich find's einfach geil«. Gerade weil die Ächtung der Sexualität endlich aufgehoben ist, droht der Verlust des Gefühls dafür, was sie bedeuten könnte – als direkte Folge ihrer öffentlichen Inszenierung.

Vielleicht können wir unsere Hoffnung auf die Kraft der Langeweile setzen. Solange jedenfalls der gegenwärtige Zustand andauert, bleibt immerhin ein schwacher, melancholischer Trost: Gelingende Intimität ist zwar eine menschliche Möglichkeit, aber kein anthropologischer Dienstauftrag. Es ist schön, wenn jemand diese Möglichkeit erreicht, aber es steht nirgendwo geschrieben, dass man es muss.

Immerhin wissen wir, dass man es *kann*. In seiner Autobiographie fasst Ingmar Bergmann dieses Wissen in eine Metapher (in Anlehnung an die Geschichte von Philemon und Baucis), die er einem seiner Drehbücher entnimmt: »Ein Gott wandert in Verkleidung auf der Erde umher … An einem Frühlingsabend kommt er zu einem verfallenen Hof …, der nur von einem betagten Bauern und dessen Frau bewohnt wird. Die beiden laden ihn zum Abendessen und zum nächtlichen Logis ein. Am nächsten Morgen wandert der Gott weiter, nachdem die beiden einen Wunsch haben äußern können. Sie wollen nicht, dass der Tod sie trennt. Der Gott erhört ihnen Wunsch und verwandelt sie in einen riesigen Gartenbaum.«

An dieses Bild schließt Bergmann die einzigen drei Sätze an, in denen er über die Beziehung zu seiner Frau spricht: »Meine Frau und ich leben in enger Gemeinschaft. Der eine denkt, und der andere antwortet, oder umgekehrt. Mir stehen keine Formulierungen zu Gebote, unsere Zusammengehörigkeit zu schildern.«[13]

Die Paradoxie des Lachens
in unserer Zeit

Mit dem Lachen verhält es sich in unserer Zeit ähnlich wie mit der Sexualität: Ein Grundmuster des Menschseins wird in einem Programmschema der Medien widergespiegelt. Der Begriff »Comedy«, der in den neunziger Jahren im deutschen Fernsehen auftauchte, verfestigte sich rasch zu einer geläufigen Sammelbezeichnung und steht neben Ausdrücken wie »Spielfilm«, »Action« oder »Erotik«. Allmählich finden wir für alles, was wir nur wollen könnten, Klassifikationen vor, die das unübersehbare Angebot des vielleicht Wünschbaren grob sortieren, damit das wählende Subjekt möglichst rasch an das herankommt, wonach ihm gerade ist. Dafür werden Glückskulissen angeboten und nachgefragt, deren untergründige Bedeutungen auf das Spektrum allgemeiner Tendenzen des Wollens gerichtet sind: Sex, Erzählungen, Exotisches, Heimat, Essen, Trinken, Allmacht, Lachen.

Bei der gegenwärtigen Herstellung von Lach-Angeboten ist die Suche nach Schemata explizites Programm. Die Fabrikation des Lachhaften gehorcht einem zeittypischen Mechanismus, der ganz allgemein die Produktion von Erlebnisangeboten steuert, ob es sich um Reisen, Kleider, Automodelle, Zeitschriften oder Sportartikel handelt. Wir stehen vor einem nahezu geschlossenen Kreislauf des Subjektiven. Beispielsweise eruiert man, dass Fernsehzuschauer bestimmte Gags komisch finden. Einfach ist dies nicht, denn man muss das, was sie komisch finden könnten, erst einmal ausgearbeitet und eine Zeit lang angeboten haben. Im Fall von Comedy ist RTL zuerst diesen Weg gegangen. Die Medienforschung beobachtete, wie die Zuschauer reagierten. Die Programmmacher studierten die Ergebnisse. Allmählich machten sich auch andere daran, ein Comedy-Format zu entwickeln. Plötzlich war überall vom Comedy-Trend die Rede. Das, worüber die Menschen schon vor dem Auftauchen von Comedy gelacht hatten, kehrte nun als Angebot zurück. Im Rahmen einer Art von ästhetischem Recycling wurde Subjektivität zunächst aus den Menschen herausgeholt, dann versuchsweise formatiert, modifiziert, schematisiert, gesteigert, zum Trend erhoben und ihnen wieder vorgesetzt.

Die organisierte Umwälzung von Subjektivität ist eine Grundbewegung unserer Kultur. Dabei kommt es zu einer immer größeren Kumulation von Möglichkeiten des schönen Lebens. Halb amüsiert, halb gelangweilt stehen wir um den ständig wachsenden Haufen der angenehmen Dinge herum, greifen das eine oder andere Objekt heraus, spielen ein wenig damit und werfen es wieder auf den Haufen zurück. Irgendwo zwischen dem Snowboard und dem Musical, dem Kurzurlaub in der Karibik und dem Swatch-auto von Mercedes, zwischen Fanartikeln für Borussia und einer neuen Marmeladevariation bemerken wir Comedy, ein wenig abgelenkt durch eine nackte Frau auf Inline-Skates. Und was ist das hier? Schon wenden wir unsere Aufmerksamkeit dem nächsten Objekt des Wünschens zu.

Comedy wurde rasch zum Element einer umfassenden Folklore. Die Folklore brodelt, tost, wirft aus und verschlingt, gebärdet sich wild und brav, unkonventionell und traditionsbewusst – ein Wildwasser, das bei aller Bewegung ein festes Grundmuster an den Tag legt. Dieses Phänomen bezieht seine Energie aus der Idee, zu tun, was einem gefällt, wenn es einem die Umstände erlauben. So wenigen dies auch global gesehen möglich ist, so entschieden richtet sich die Weltkultur doch auf diese und keine andere Idee aus. Dabei überdeckt die organisierte Erzeugung von Illusionen der Veränderung zunehmende Gleichförmigkeit.

Dass auch das Lachen von der großen kulturellen Kreisbewegung erfasst wurde, wäre kaum von der Markteinführung einer neuen Zigarettenmarke zu unterscheiden, wenn der zirkuläre Prozess in diesem besonderen Fall nicht durch eine zentrifugale Kraft konterkariert würde. Ihr Ursprung liegt in einem kulturspezifischen Muster des Lachens selbst, das sich, paradox gesprochen, zu einem Schema der Entschematisierung entwickelt, weil es auf die Einzigartigkeit des Menschen verweist. Es macht die Paradoxie der neuen Satire aus, einerseits Schema zu sein, andererseits Eigensinn zu betonen.

Was damit gemeint ist, wird deutlicher bei einem Blick auf zeitlose Motive des Lachens. Zwar sind alle Kulturen einzigartig, doch konstruieren sie ihre Besonderheiten aus dem Grundstoff anthropologischer Universalien. Auch unser Lachen, so unverständlich es Vertretern anderer Zeiten und Kulturen wohl scheinen würde, steht in Verbindung mit dem Wurzelgeflecht des Allgemein-Menschlichen. Zu den immer und überall wiederkehrenden Formen gehört etwa das säuglingshafte Lachen schieren Wohlbefindens; das arrogante, narzisstische Lachen über alles Andersartige; das als Zeichen gemeinte Lachen mit Bedeutungen wie Höflichkeit, Harmlosigkeit, Freundlichkeit; das spöttische, verletzende, aggressive Lachen.

Ein weiteres Motiv, an das Witze häufig appellieren, ist die *Befreiung*. Weil dieses Motiv auf Machtverhältnisse, Zwänge und Grenzen verweist, ist es soziologisch besonders aufschlussreich. Das befreite Lachen reagiert auf die symbolische Aufhebung von Unterdrückung. Auf indirekte Weise beschreibt es die kollektive Erfahrung sozialer Strukturen und ihres Wandels. Erzählt man einen Witz, dessen Komik von der Ironisierung gesellschaftlicher Verhältnisse lebt, wenn sich die Zeiten bereits geändert haben, dann erzählt man ihn zu spät. So ließ sich beispielsweise der politische Witz der DDR nicht am Leben erhalten. Seine Kraft, Menschen zum Lachen zu reizen, verfiel schlagartig im Jahr 1989. Von diesem Zeitpunkt an war er nur noch »interessant« – ein musealisierbares Fundstück der Kulturgeschichte. An seine Stelle traten »Ossi-Wessi-Witze«, die es so lange geben wird wie den real gespürten Druck, von dem sie symbolisch befreien.

Der befreiende Witz ist oft schadenfroh, beleidigend, entlarvend. Zu seinen Erfolgsbedingungen gehört die kollektive Erfahrung einer die Menschen einengenden sozialen Struktur. Der Witz lässt das Leiden an der Gesellschaft zunächst anklingen, um es dann in der Pointe virtuell aufzuheben. Das befreite Lachen ist das Aufatmen des für kurze Zeit in eine Allmachtsposition eingesetzten Subjekts. In einer treffenden Formulierung führt Freud die »Lust des Witzes ... auf ersparten Hemmungsaufwand« zurück[14].

Typische Anknüpfungspunkte des befreiten Lachens sind: Autorität, Würde und Überlegenheit; Tabus, etwa religiöser, sexueller oder hygienischer Art; Regeln der Gefühlskontrolle (beispielsweise spielen viele Komödien mit dem Zwang, ernst zu bleiben); politische Unterdrückung; öffentlich zu beachtende Routinen gemeinsamer Selbstinterpretation (so setzen Firmen-Witze oft beim zwanghaften Harmoniekult der »Betriebsfamilie« an); kollektive Neurosen (Klassiker dieser Art von Witz ist das Märchen von des Kaisers neuen Kleidern).

Wegen seiner ausgeprägten sozialstrukturellen Bedingtheit unterliegt der befreiende Witz im besonderen Maß dem sozialen Wandel. Dies war dem Phänomen »Comedy« in den späten neunziger Jahren deutlich anzumerken. Traditionelle Witzschemata kamen zwar noch vor, aber mit sinkendem Anteil und geringerem emotionalen Appell – nimmt man etwa den fast noch im 19. Jahrhundert spielenden

Humor der fünfziger Jahre zum Vergleich oder das politische Kabarett und die tabu-attackierende komische Attitüde der sechziger Jahre.

Die Torte im Gesicht des Senators provoziert kein befreites Lachen mehr, sondern ein müdes, weil die Zeiten der Respektspersonen ohnehin für die meisten vorbei sind. Befreites Lachen ist mit einem Gefühl wie beim Öffnen der Fensterläden verbunden: Es wird plötzlich hell. Gibt es dieses Gefühl noch, oder sind inzwischen alle Fensterläden offen? Gewiss ist unsere Kultur alles andere als zwanglos, doch das erreichte Ausmaß an Freiheit ist nichtsdestoweniger ohne Beispiel. Je freier die Menschen werden, desto weniger, so scheint es, findet der befreiende Witz noch sozialstrukturelle Anknüpfungspunkte. In der bundesrepublikanischen Gesellschaft der fünfziger Jahre herrschte eine Grundstimmung der Anpassung, im Vergleich zu der die Grundstimmung in der Gesellschaft der Gegenwart geradezu entfesselt wirkt.

Doch auf den zweiten Blick stellt sich heraus: Das befreite Lachen ist nicht im Verschwinden begriffen, es ändert nur allmählich seinen Bezugspunkt. In der Anpassungsgesellschaft suchte sich der befreiende Witz seine Themen im sozialen Kontext, in der zwanglosen Gesellschaft nimmt er sich das Subjekt selbst vor, denn dieses ist nun die Instanz, die das Regiment übernommen hat.

Darin deutet sich ein kollektiver Lernprozess an. Weil die Menschen die Welt ändern, müssen auch sie selbst sich ändern. In den letzten Jahren hat sich eine Tendenz noch einmal verstärkt, die sich wie ein roter

Faden durch die vergangenen Jahrzehnte zieht: die Entgrenzung des subjektiven Horizonts durch die gewaltige Zunahme der Wahlmöglichkeiten. Je weniger uns aber von außen vorgegeben wird, desto mehr sind wir auf uns selbst verwiesen. Äußere Determination ist durch innere zu ersetzen.

Unter den neuen Umständen amüsieren die Witze von gestern nur noch mäßig. Würde assoziiert man eher mit Historienverfilmungen; ihre Enttarnung hat viel von ihrer ursprünglichen Brisanz verloren. Der letzte noch mögliche Tabubruch besteht darin, dass man die alten Tabus wieder respektiert – was also ist noch komisch an Obszönitäten? Auch das Übertreten der Norm, ein weiteres klassisches Muster von Witzen, taugt nicht mehr so recht zur Erheiterung, ist doch das Anderssein zur Lebensmaxime zahlloser kleiner Gottkönige geworden. Wir lachen nicht über das Ungewöhnliche, sondern wollen selbst ungewöhnlich sein. Sobald uns jemand als normal, korrekt, ordentlich oder gar angepasst bezeichnet, sehen wir unseren Selbstwert bedroht und reagieren ungehalten.

In den zeitgenössischen Witzformen tritt an die Stelle der Lachnummer allmählich eine ironische Selbstreflexion. »Ich weiß im Übrigen nicht« schreibt Freud in seiner Theorie des Witzes in Bezug auf den jüdischen Witz, »ob es sonst noch so häufig vorkommt, dass sich ein Volk in solchem Ausmaß über sein eigenes Wesen lustig macht.« Hundert Jahre später wird genau dies volkstümlich. Das Muster der Pointen wandelt sich. Es kommt weniger auf Überraschungseffekte an, auf die Komik des Ungewöhnli-

chen, auf plötzliche Demaskierungen oder auf eingefahrene Codes und normierte Lach-Stichworte, beispielsweise »Schwiegermutter«, »feine Dame« oder
»Frau Lehrer«. Was zählt, ist Selbstinszenierung und
Selbstrelativierung – einerseits Leichtigkeit, Eleganz, Schlagfertigkeit und spielerische Fähigkeiten
(Mimik, Parodie, Virtuosität in der Bewegung), andererseits ironischer Umgang mit sich selbst und
dem Gegenüber.

Der Witz der Gegenwart wird subjektbezogen. Er
reagiert auf die mit der Ausdehnung des Möglichkeitsraums verbundene Notwendigkeit, das Leben
ununterbrochen durch Wählen zu gestalten. Er sieht
die sozialen Verhältnisse eher als Szenerie von Chancen und Risiken, weniger als Skandal, der zur Rebellion aufstacheln würde. Seine Spitze richtet sich
nicht so sehr gegen die objektiven Verhältnisse wie
gegen das Subjekt, das sich damit herumschlägt.
Thema des Witzes ist nicht mehr das Unbehagen in
der Kultur, sondern das Unbehagen mit sich selbst.

Logische Voraussetzung für diese Art des Witzes
ist eine Zweiteilung der Selbstwahrnehmung. Die
eine der beiden Hälften des Ich könnte man den
Selbstmanager nennen, die andere das *erlebende Selbst*.
Im Witz befreit sich das erlebende Selbst vorübergehend von der Tyrannei des Selbstmanagers, dessen
Scheitern es immer wieder auszubaden hat.

Allmählich bilden sich verschiedene Formen der
Ironisierung des Selbstmanagers heraus. Eine an Popularität zurückgehende Variante thematisiert den
Selbstmanager als den *Dummen*. Didi Hallervorden,
Luis de Funès oder Mr. Bean präsentieren sich in

vielen ihrer Sketche als Witzfiguren der Risikogesellschaft. Hier ist die Selbstreflexion auf die exemplarische Ebene verschoben; die Protagonisten sind so konzipiert, dass sich die Zuschauer nicht unmittelbar in ihnen wiedererkennen, sondern sich lediglich mit ihnen vergleichen. Man lacht über den, der dümmer ist als man selbst.

Immer wichtiger wird eine andere ironische Prägung des Selbstmanagers: der *unglückliche Glücksarrangeur*. Viele Verkörperungen dieser Figur sind ausgesprochen liebenswert, man identifiziert sich gerne mit ihnen. Anders als der Dumme erlaubt der unglückliche Glücksarrangeur die Verbindung zwischen Selbstironie und Narzissmus. Ein Beispiel für diese Form der Ironie ist Woody Allen, zu dessen Markenzeichen der Besuch beim Psychiater wurde. Der Selbstmanager stellt ständig Situationen her, in denen das erlebende Selbst unter dem Vorwand der Abhilfe erst mit seinen Krisen konfrontiert wird. Das typische Witzmuster besteht darin, dass der Protagonist zum Opfer seiner eigenen Erlebnisrationalität wird. Zahlreiche Filmkomödien der letzten 15 Jahre greifen dieses Motiv auf, etwa »Harry und Sally«, »Und täglich grüßt das Murmeltier«, »Keiner liebt mich«, »Superstau«, »Man spricht deutsh«, »Abgeschminkt«. Die Subjektbezogenheit dieser neueren Filmkomödien wird noch deutlicher, wenn man schnell einen Blick auf ältere Filmkomödien wirft, etwa »Der große Diktator«, »Sein oder Nichtsein«, »Manche mögens heiß«, »Avanti Avanti« oder die »Feuerzangenbowle« – lauter Filme, die wesentlich vom Spiel mit politischen Verhältnissen, sozialen

Konventionen und Rangverhältnissen leben. Im Vergleich zum außenorientierten Humorschema dieser Filme gewinnt das subjektzentrierte, innenorientierte Humorschema der Gegenwart Profil.

In den zeitgenössischen Formen des Humors taucht der Selbstmanager überall zwischen den Kulissen des Glücks auf: als Tourist, als Fernsehzuschauer, als Sexclubbesucher, als Konsument. Tölpelhaft bedient er sich öffentlich angebotener Schemata, um dem erlebenden Selbst Struktur zu geben, ein überzeugter Glücksmaximierer, der sich hartnäckig seinen Spaß einredet und das erlebende Selbst mit idiotischen Projekten des schönen Lebens tyrannisiert. Das Lachen darüber ist ein befreites Lachen, in dem eine unschematisierte Existenzweise ahnbar wird: Anarchie, Einzigartigkeit, Eigensinn, Einsamkeit. Der neue Witz kultiviert ein Schema der Entschematisierung.

Kafkas Kuriere. Steigerung und Sinnillusion in der Entwicklung der Medien

In einem Interview wurde ein Physiker nach dem Sinn einer kostspieligen Versuchsanlage gefragt. Seine Antwort, mit der er den Fragesteller schachmatt setzte, war eine Gegenfrage: »Warum Kinder?«. Selbst das evidenteste Sinnerlebnis beruht auf nichts anderem als der Ansicht dessen, der etwas für evident sinnvoll hält. Wir handeln ohne letzte Begründbarkeit. Die von uns in die Welt gesetzten Ereignisse geschehen einfach, weil wir nun einmal da sind und uns ausagieren. Es gibt Kinder, es gibt kostspielige Versuchsanlagen, es gibt die Medien.

Warum noch Worte machen über die Medien? Sie gehören zum normalen Betrieb unseres Alltagslebens wie das Autofahren oder der Kurzurlaub. Wem sie nicht zusagen, der soll sie in Gottes Namen links liegen lassen, denn dies ist die einzig wirksame Form der Einflussnahme. Von guten Ratschlägen ließen sich die Medien in ihrer Geschichte umso weniger beeindrucken, je mehr sie ihnen erteilt wurden. Tagungen, Kommissionsberichte, wissenschaftliche Sammelbände und Verrisse übten dieselbe Wirkung auf sie aus wie die Ermahnungen des Franz von Assisi, als er den Fischen predigte. Dennoch lohnt es sich, über die Medien nachzudenken – nicht um sie zu ändern, sondern um sich über sich selbst klar zu werden. Die Kernfrage lautet hier wie anderswo: Tun wir wirklich das, was wir wollen, oder bilden wir uns dies nur ein?

Exemplarisch zeigen sich in der Entwicklung der Medien Tendenzen, denen unsere Kultur insgesamt folgt. Früh tritt hier eine Anforderung zu Tage, deren allgemeiner Charakter sich erst noch erweisen wird: sich der Erkenntnis zu stellen, dass eine für viele Jahre orientierungsgebende Entwicklung zum Abschluss kommt. Und es wird sichtbar, worin der Preis besteht, wenn man sich nicht umorientiert. Man verschwendet seine Zeit, gefangen in einer Sinnillusion.

Was zurzeit mit den Medien geschieht, wird erst bei einer umfassenden Betrachtungsweise sichtbar. Ob wir wollen oder nicht, wir alle sind in ein gigantisches, weltweit gewordenes Steigerungsspiel verstrickt, in dem so unterschiedliche Akteure wie Politik, Unternehmen, Forschung und Entwicklung, Arbeitskräfte und Konsumenten miteinander verkettet sind. Auch die Medien sind vielfältig in dieses Spiel eingebunden. Medienmacher müssen steigern, zum einen, weil sie es mit einem Publikum zu tun haben, das auf »mehr« (von was auch immer) aus ist, zum anderen, weil die dominierenden Medien Partner der Werbebranche sind. Diese verlangt ihrerseits chronisch nach mehr Publikum, gedrängt von der Wirtschaft, die mehr Umsatz machen will.

Im Steigerungsspiel stehen die Medien unter besonderem Druck. Es gibt nun einmal nur eine beschränkte Gesamtaufnahmekapazität der Bevölkerung. Begrenzt durch dieses Limit, erinnert die Medienwelt an eine Schule in China, über die vor einigen Jahren in einer Pressenotiz berichtet wurde. An dieser Schule gab es sechzehn Lehrer, aber nur einen einzigen Schüler. Wenn sechzehn Lehrer um ein so begrenztes Aufmerksamkeitskontingent konkurrieren, mutiert der Zögling schnell zum eigentlichen Erzieher.

Medienmachen funktioniert nach der Logik eines Nullsummenspiels, bei dem jeder gegen jeden antritt, um sich mindestens den existenzerhaltenden Anteil der knappen, auch mit noch so viel Technik nicht vermehrbaren Ressource »Aufmerksamkeit« zu sichern. Im Geschiebe und Gedränge der Aufmerksamkeitskonkurrenten entscheiden quantitative Marktinformationen über Sein oder Nichtsein. »Wie war der Marktanteil?« – die Frage nach Quoten, Reichweiten und anderen marktbezogenen Indikatoren verbindet die disparaten Denkhorizonte von allen, die es im Handlungsfeld der Medien miteinander zu tun haben. Der Marktanteil übersetzt das Innenleben von Menschen, die zu Hause im Trainingsanzug auf dem Sofa sitzen, in Formate, Layouts, Programmschemata, Verträge und Rauswürfe. Der Marktanteil übersetzt die Strategien der Medienmacher in Steuerungsimpulse für Werbemilliarden. Der Marktanteil signalisiert die politische Durchsetzbarkeit oder Gefährdung der Gebührenfinanzierung im Fernsehen. Der Marktanteil dient Redakteuren, Regisseuren, Moderatoren, Talkmastern und Journalisten als Selbstbeurteilungsmaßstab und als Gestaltungsimpuls. Der Markanteil organisiert sowohl das Steigerungsspiel innerhalb der Medien als auch die Einbindung der Medien in das umfassende, gesamtgesellschaftliche Steigerungsspiel.

Was sagt die Kultur zum Marktanteil? Im besten Fall ignoriert, im schlechtesten Fall bekämpft sie ihn. Es gibt einen feuilletonistischen Reflex, die Verachtung des Markanteils mit elaborierten Stilmitteln öffentlich zu inszenieren. Von Käuflichkeit ist die Rede, von Verrat an Prinzipien, von der Substitution des Wahren und Schönen durch das Eingängige. Der Angriff ist mit der Suggestion gepaart, dass man wisse, was das absolut Gute sei und dass man dafür eintrete; eine Suggestion, in die man die Rezipienten der Kritik zwischen den Zeilen mit einbezieht, sodass eine selbstverliebte Geheimbruderschaft der Guten gegen die Schlechten entsteht. Aber die Gereiztheit der Kritisierten hat sich in den letzten Jahren spürbar zur Gleichgültigkeit gewandelt, und der traditionellen Kulturkritik wird nicht einmal mehr die Autorität einer Mahninstanz im Dienst der hochkulturellen öffentlichen Ordnung eingeräumt. Möge sie das Verbot geistiger Müllablagerungen aller Art aussprechen, so oft sie will, man hört nicht auf sie, denn ihre Imperative sind zu einfach: Nehmt eure öffentliche Verantwortung wahr! Denkt an die Werte! Seid der Wahrheit verpflichtet und nicht dem Showeffekt!

Je mehr man sich auf die Medien einlässt und ihre Mechanik zu begreifen versucht, desto naiver wirken solche Appelle, und die Bereitschaft wächst, die schlichte Forderung ernst zu nehmen, dass das, was die Medien anbieten, interessant für andere sein muss. Es wäre überflüssig, diese Banalität auch nur zu erwähnen, gälte sie nicht immer noch als suspekt.

Zwischen marktbezogener Mediensteuerung und marktferner Medienkritik besteht eine heimliche Nahrungskonkurrenz, denn auch der Marktanteil ist eine Form der Medienkritik. Von zwei Gutachtern wird der eine ständig gefragt, der andere nie. Die Medienmacher der Gegenwart unterwerfen sich der Kritik durch den Marktanteil, während sie sich über die Kulturkritik nicht einmal mehr ärgern.

Dass sich die Medien am Marktanteil orientierten, war in den Augen der Kulturkritik ebenso irritierend, wie es in den Augen der Anbieter und Nachfrager sinnvoll schien, weil es eine offenbar von den meisten gewünschte Entwicklung bewirkte. Doch die produktiven Jahre der Rückmeldung des Marktes sind vorbei, seine kulturelle Gestaltungsmacht verfällt langsam; die Steuerbarkeit der Medien durch Marktbeobachtung nimmt ab.

In der Geschichte der Medien vollzieht sich derzeit der Übergang in ein Zeitalter nach der Steigerung. Diese Entwicklung wurde durch das Fernsehen – Leitmedium der letzten Jahrzehnte – angeführt und beschleunigt. In der Konkurrenz mit ihm gerieten auch die Printmedien in den Sog einer bestimmten Form der Steigerung. Diese Form sei nun am Beispiel des Fernsehens illustriert, wenn auch die zentrale Aussage allgemeiner zu verstehen ist.

Das Fernsehen erreicht als einer der ersten Akteure ein Plateau, das über das Steigerungsspiel hinausweist, ein Stadium, in dem neue Orientierungsformen notwendig werden. In der Steigerungsphase des Fernsehens, die mit dem Privatfernsehen einsetzte, bestimmten quantitative Marktinformationen den Kurs. Davor liegt die friedliche Frühgeschichte des öffentlich-rechtlichen Volksbildungsfernsehens, danach zeichnet sich eine Ära ab, die jedenfalls nicht mehr durch den Begriff der Steigerung zu erfassen ist, eher schon, bei aller erwarteten Dynamik, durch den Begriff der Ankunft. Das Fernsehen erreicht dieses Stadium nicht etwa, weil es sich verweigern würde, sondern weil es das Steigerungsspiel besonders eifrig betrieben hat. Im Vergleich etwa zur Informationstechnik, zur Umwelttechnik, zur Gentechnik war der Weg des Fernsehens nur kurz. Es nimmt eine Entwicklung vorweg, die der modernen Gesellschaft insgesamt erst noch bevorsteht: den Übergang von der *Erweiterung* des Möglichkeitsraums zum *Aufenthalt* darin. Es ist ein Unterschied wie der zwischen Hausbau und Wohnen.

Blicken wir kurz auf die erste Phase zurück. Was lässt die Fernsehsendungen der sechziger oder siebziger Jahre im Vergleich zu heute so antiquiert und spröde erscheinen? Man hat den Eindruck, das Fernsehen von damals habe noch gar nicht richtig zu sich selbst gefunden. Bedingt durch das Steigerungsspiel in der zweiten Phase haben inzwischen alle dazugelernt. Die Medienmacher von heute sind raffinierter als die von gestern. Sie sind inzwischen so raffiniert, wie man es im Fernsehen überhaupt nur sein kann. Das Erlernen dieser Raffinesse vollzog sich unausweichlich. Wer nicht mithielt, wer nicht ständig versuchte, einen Vorsprung vor den Konkurrenten zu gewinnen oder umgekehrt den Vorsprung der Konkurrenten schnellstens aufzuholen, war davon bedroht, aus dem Spiel zu fliegen.

Woran aber orientierte sich die Konkurrenz? In der Steigerungsphase des Fernsehens und anderer Medien war es vor allem die Professionalität der *Ausdrucksmittel*, die über Erfolg und Misserfolg entschied. Die Steigerung der handwerklichen Fähigkeiten war die wesentliche Entwicklungslinie in dieser Phase. Was aber heißt Handwerk, Professionalität, Raffinesse im Kontext der Medien? Es heißt, dass man über Mittel verfügt, Inhalte für beliebige Menschen anschlussfähig zu machen.

Zwar ist jeder Mensch zum großen Teil ein System für sich, aber eben nur zum Teil. Die Medien mussten sich auf das Allgemeine im Menschen beschränken; sie mussten Anschlussfähigkeit dort suchen, wo sich möglichst viele Menschen ähnlich sind. Ihre Steigerungspfade mussten sich nach allgemeinen Bedingungen der Aufmerksamkeitsbereitschaft richten.

Betrachten wir wieder das Beispiel des Fernsehens. Immer ging es hier um die Frage: Was kann man noch tun, um möglichst leicht in das Bewusstsein möglichst vieler Menschen hineinzuschlüpfen – innerhalb der entscheidenden drei Sekunden, in denen das Programm angezappt wird? Unter der zwingenden Herrschaft dieser Frage beschritt das Fernsehen mehrere Steigerungspfade.

Am auffälligsten war die Erhöhung der Reizintensität im Wettlauf um Anschlussfähigkeit. Informationssendungen wurden aufs Ganze gesehen aufregender, Unterhaltungsangebote schriller, die Pointenfolgen dichter, die Scherze deftiger, die Darstellung von Nacktheit und Sexualität drang in entlegene Bereiche vor. Man kann es sich heute kaum noch vorstellen, dass alles einmal mit Pin-up-Fotos und vorsichtigen Entblößungen des Busens begonnen hat. Die Musik wurde rhythmischer, lauter, eingängiger. Die Bilder wurden bunter, prägnanter, verwegener; sie wurden zu optischen Fallen, von denen man inzwischen die Augen oft nur mit einer gewissen Anstrengung abwenden kann.

Ein zweites Steigerungsmuster war Vereinfachung. Ungewohnte Redewendungen, längere Sätze, bei denen man den Anfang nicht vergessen darf, bis das Prädikat kommt, neue Gedanken, vor allem aber größere Gedankenketten, deren letztes Glied nur verständlich ist, wenn man den gesamten Gedankenweg bis dorthin nachvollzogen hat: all dies gilt mehr und mehr als fernsehstrategische Sünde, zurückgedrängt in die Zeitenklaven um Mitternacht.

Durchaus fernsehverträglich ist dagegen etwa folgende Szene, die 1998 im ZDF an einem Samstag Abend zu sehen war: Der Showmaster wendet sich an einen Jungen in Rennfahrerkleidung mit den Worten: »Und da haben wir also den elfjährigen Rennfahrer Bernd. Sag mal Bernd, wie alt bis du eigentlich?« »Elf Jahre.« »Und was machst du so? Bist du Rennfahrer?« »Ja, ich mache bei Go-cart-Rennen mit.« »So. Warum? Gefällt dir das?« »Ja!«

»Und was gefällt dir daran?« »Ich find's einfach super!« Wenig später suchte der Showmaster eine mitten ins Publikum hineingestellte Szenerie auf, die man als deutsche Wohnstube mit Couchgarnitur und zugehöriger Familie identifizieren konnte: betreten schweigender Vater, zwei grinsende Kinder und eine resolute, die Außenpolitik der Familie abwickelnde Mutter, die mit dem Showmaster darüber witzelte, dass in ihrem an der Kurve einer Bundesstraße gelegenen Vorgarten nicht weniger als 19 Autos verunglückt waren, samt menschlichem Inhalt, wozu der Showmaster witzelte, dass dies ja nicht so witzig sei.

Diese Episode beleuchtet den Steigerungspfad der Vereinfachung. Eine Show ist nicht etwa *un*professionell, wenn das Gespräch schlicht ist, die Pointen einfältig, das Ambiente nahezu identisch mit dem Interieur, in dem man als Zuschauer selbst sitzt. Sie ist im Gegenteil professionell, weil bei vielen Menschen anschlussfähig.

Als letztes Beispiel für Steigerungspfade sei Zeitverkürzung angeführt. In einem Interview über seinen Film »Lawrence von Arabien« berichtete der Regisseur David Lean über den Kampf, den er mit seinem Produzenten austragen musste, um eine ausgedehnte Szene nicht herausschneiden zu müssen. Von einer Wasserstelle aus sieht man zunächst nur einen schwarzen Punkt am Horizont, der dann größer und größer wird, bis sich herausstellt, dass es sich um einen heranstürmenden Reiter handelt, der, kaum angekommen, einen Menschen tötet. Selbst eine von David Lean erheblich gekürzte Fassung dauerte dem Produzenten noch zu lang. Es darf keine Längen geben – die gesamte Medienlandschaft gehorchte dieser Losung. Musikalische Muster drängten sich in immer kleineren Zeiträumen zusammen. Manchmal bestehen sie jetzt nur noch aus einem einzigen Intervall, einem immer wiederkehrenden Ton, einer ständig wiederholten rhythmisierten Redewendung. Im Fernsehen wurden die Handlungsfolgen schneller, die Perspektivenwechsel häufiger, die Szenen kürzer.

Reizintensivierung, Vereinfachung und Zeitverkürzung sind nur einige Beispiele für einen umfassenden Steigerungswettlauf. Wie lange aber lässt sich die Steigerung fortsetzen? Untersuchen wir etwa (in Fortsetzung des vorangegangenen Beitrags) die kurze Geschichte der Intensivierung sexueller Reize. Aus dem Halbschatten der Tabuisierung in die wohlanständige Gesellschaft der fünfziger Jahre tretend, sahen sich die Medien zunächst einem weiten Steigerungsspielraum gegenüber. Die dann einsetzende Steigerung kann man als Quotient von Flächeneinheiten ausdrücken: als Proportion nackter Haut im Verhältnis zur Gesamtoberfläche des Körpers. Wenn dieser Quotient gegen eins tendiert, ist das Ende der Nacktheitssteigerung erreicht. Es war nicht nur die Ende der sechziger Jahre erwachende Pornobranche, die weit über die Nackheitssteigerung hinausging. In den neunziger Jahren führten verschiedene gutbürgerliche Fernsehprogramme Magazine ein, die jede Facette der Sexualität vorführten (»Liebe Sünde«, »Wa(h)re Liebe«, »Peep!«). Am Ende der mediatisierten sexuellen Reizintensivierung steht jedoch eine gewisse Ratlosigkeit, was man denn jetzt noch Aufreizenderes machen könnte. Darauf gibt es nur eine Antwort: nichts.

Was für das Beispiel der sexuellen Reizintensivierung gilt, lässt sich verallgemeinern. So ist der Steigerungspfad der Zeitverkürzung dort zu Ende, wo die Zeiteinheiten zu klein für das normale Reaktionsvermögen werden. Die theoretisch unendliche Teilbarkeit der Zeit stößt beim menschlichen Auffassungsvermögen allmählich an eine unüberwindliche Grenze. Auch Vereinfachung ist nicht unbegrenzt möglich; über das Niveau elementarer Gefühlsäußerungen (»Super!«; »Jetzt wird's spannend!«; »Wir haben eine Riesenstimmung hier!«) und nicht mehr verkleinerbarer Denkakte (»Wir haben verloren, so ist es halt, da kann man auch nichts machen, war heute nicht unser Tag.«; »Es lief halt besser bei mir als bei den anderen, darum habe ich gewonnen.«) kann sie nicht hinausgehen.

Die Steigerungslogik führt zu ihrer Selbstaufhebung, bei den Medien schneller als in anderen Handlungsfeldern der Gesellschaft. Was könnte danach kommen? Weil dies niemand genau zu sagen weiß, scheint es nahe zu liegen, auch die Zukunft der Medien dem Marktanteil zu überlassen: Das heimliche Suchprogramm der Quoten und Auflagenziffern werde schon herausfinden, welche Medien wir wollen.

Da die Sinnressource der Steigerung von *Ausdrucksmitteln* immer knapper wird, muss sich der Selektionsmechanismus der Marktorientierung immer stärker auf den *Inhalt* verlagern. Zwangsläufig konkurrieren die Anbieter nun nicht mehr durch gegenseitiges Übertrumpfen auf Steigerungspfaden wie Reizintensivierung, Vereinfachung und Zeitverkürzung, sie konkurrieren durch Erfindung, Argument und Information.

Diese These ist nicht schwarz-weiß zu verstehen. Natürlich hat immer schon beides – Ausdrucksmittel und Inhalt – eine Rolle gespielt. Die These behauptet eine Akzentverschiebung, einen Wandel des Mischungsverhältnisses. Ging es in der Steigerungsphase zunächst hauptsächlich darum, *wie* etwas gebracht wurde, so rückt jetzt die Frage in den Mittelpunkt, *was* gebracht wird. Der anfängliche Quotensieg der Sportsendung »ran« war noch ein Sieg der Ausdrucksmittel, er gehört noch in die Zeit der Steigerungsphase. »Ran« hat gezeigt, dass man mit geeigneten Darstellungstechniken selbst aus einem langweiligen Spiel ein spannendes machen kann. Nachdem nun aber die Sportpräsentation instrumentell ausgereift ist, wird immer mehr der Inhalt der Sportsendung – oder welcher Sendung auch immer – über den Marktanteil entscheiden. In diesem Zusammenhang ist es bezeichnend, dass der Erfolg von »ran« seit 1996 zurückgeht[15].

Wenn sich die Medienkonkurrenz von den Ausdrucksmitteln auf die Inhalte verlagert, muss die Mediengeschichte ihren Steigerungscharakter verlieren. Der Grund dafür ist, dass sich nicht klären lässt, was eine Steigerung der Inhalte sein könnte – die Ansichten hierüber gehen zu weit auseinander.

Was heißt »Inhalt«? Die Chiffren der Programmzeitschriften geben für diese Überlegungen nicht viel her. Information, Unterhaltung, Sport, Dokumentation, Spielfilm, Nachricht, Natur, Wirtschaft – solche Einteilungen nach Sachgebieten bringen nicht das zum Ausdruck, worauf es bei der Konkurrenz um Marktanteile maßgeblich ankommen wird. Über alle Sachgebiete hinweg geht es um zwei zentrale Themenbereiche: um das *Subjektive* und das *Objektive*. Die subjektive Dimension betrifft die Selbsterfindung der Menschen; die objektive den »öffentlichen Gebrauch der Vernunft« (Kant). Beide Themenbereiche treten, wenn auch in wechselnden Mischungsverhältnissen, in Zukunft als Schauplatz der Medienkonkurrenz stärker hervor, während der Schauplatz der Ausdrucksmittel zurücktritt. Auf die Zeit der *rhetorischen Steigerung* der Medien folgt die Zeit der *inhaltlichen Auseinandersetzung*. Marktführer der Zukunft ist, wer intersubjektiv überzeugt und wer subjektiv fasziniert.

Betrachten wir als Beispiel für den Inhaltsbereich des Subjektiven Guildo Horn, der 1998 für kurze Zeit zum öffentlichen Ereignis wurde und schnell wieder in Vergessenheit geriet. Die natürliche Person Guildo Horn diente als Rohmaterial für die kollektive Ausarbeitung eines Subjektivitätsmusters, das zwar »Guildo Horn« hieß, aber doch etwas anderes war als die natürliche Person. In das öffentliche Stilschema »Guildo Horn« war das eingeflossen, was er bei den Zuschauern zum Klingen gebracht hatte. Dabei spielten viele eine Rolle: das Publikum, die Medien, die Marktforschung, die Promoter von Guildo Horn und schließlich auch »der Meister« selbst als Kristallisationskern eines kollektiven Schöpfungsvorgangs. Nach der öffentlichen Gestalt

»Guildo Horn« musste sich am Ende auch die Privatfigur richten.

Welche Gestalt von Subjektivität kam in der öffentlichen Figur »Guildo Horn« zum Ausdruck? Kaum war das Phänomen geboren, setzte ein Deutungssturm ein, von der Bildzeitung bis zur ZEIT, von den Fans im Schulhof bis zu den Philosophen im Seminar. Die Guildo-Horn-Episode führt uns die kulturelle Normalisierung eines kollektiven Selbstbeschreibungsdiskurses vor Augen: Wir tun gemeinsam etwas, zunächst aus dem Bauch heraus, im nächsten Moment aber fangen wir alle an, uns zu fragen, was wir jetzt eigentlich gerade getan haben.

Zumindest bei seiner Entstehung war das Schema »Guildo Horn« ein Beispiel für den im vorhergehenden Beitrag untersuchten Wandel des Lachens; es veranschaulicht eine Episode in der ständigen kollektiven Gestaltfindung des Subjektiven. Das satirische Muster ironisierte das zeittypische Binnenverhältnis des Subjekts – die Spannung zwischen den beiden Polen, die ich weiter oben als *Selbstmanager* und *erlebendes Selbst* bezeichnet habe. Die Kulissenwelt des deutschen Schlagers eignete sich in idealer Weise für die Inszenierung dieses humoristischen Leitmotivs. In der längst wieder treulos gewordenen Begeisterung für Guildo Horn kam *befreites Lachen* zum Ausdruck – befreit von der Tyrannei des Ich über das Ich, entlastet von prekären Vorhaben wie Schönheit, permanente Ekstase, Romantik, Liebe, Geliebtwerden und weihevolle Stimmung.

Von Guildo Horn zur Steuerreform: Das Objektive ist kein Gegensatz zum Subjektiven, sondern ein zweiter, davon unabhängiger und damit verträglicher Themenbereich. Die Medienwelt ist ein Ort, wo sich die Frage danach, was objektiv der Fall ist und wie man sich dazu verhalten soll, in ständig gewandelten Zusammenhängen stellt. Zwei markante Beispiele der letzten Jahre sind die Einführung des Euro und die Kosovo-Krise. Aber auch in fiktionalen Kontexten werden viele Botschaften über das Objektive vermittelt. Wir spüren sie etwa beim Betrachten älteren Filmmaterials. Das leichte Befremden, mit dem wir erleben, wie ein beflissenes Dienstmädchen den moralisch entrüsteten Kommissar in eine rustikale Küche führt, ist nicht nur ein ästhetisches Befremden in der Rückschau aus ironischer auf tragische Zeit, sondern auch die untergründige Empfindung einer gewandelten Sicht der Wirklichkeit. Sowohl bei Sachthemen wie bei der Darstellung der Rangverhältnisse zwischen Kommissar und Dienstmädchen oder bei der Inszenierung der moralischen Entrüstung des Kommissars als »normale« Reaktion geht es um allgemein Gültiges: Werte, Konventionen, Zweckmäßigkeit, Wahrheit, Logik, Aktualität, Faktenbezug, Sachkenntnis, Integration scheinbar unzusammenhängender Informationen.

Zwar waren die Medien schon immer eine Bühne für die beiden Hauptthemenbereiche der Menschen, das Subjektive und das Objektive. In der Steigerungsphase der Medien drängten sich jedoch die Ausdrucksmittel als Bezugspunkt der Konkurrenz vor die Inhalte. In der Zeit danach bleibt gar nichts anderes übrig, als dass sich der Bezugspunkt der Konkurrenz auf die Inhalte verlagert. Ob sie sich dessen bewusst sind oder nicht – Anbieter und Nachfrager gestalten gemeinsam die weitere Entwicklung der Medien im Rahmen einer Art existenziellen Diskurses, dessen Grundfragen lauten: Wer sind wir? Was wollen wir? In welcher Welt leben wir? Wie sollen wir leben?

Die Beantwortung dieser Fragen ist prinzipiell unabschließbar. Sie kann nicht zu Endergebnissen führen, immer nur zu Zwischenergebnissen. Ebenso wichtig wie das Zwischenergebnis ist seine Zurückweisung. Die Medien müssten eigentlich ein Paradox widerspiegeln, einen Grundwiderspruch, der uns erst zu Menschen macht. Sie müssten unsere Dialektik widerspiegeln: den Umstand, dass wir uns als Menschen verwirklichen, indem wir einerseits Formen ausprägen und andererseits zu diesen Formen auf Distanz gehen.

Das Subjekt erfährt sich sowohl in der Identifikation mit Schemata als auch in deren Überschreitung. So profilierte sich das Schema »Guildo Horn« durch symbolische Zerstörung und wurde bald selbst wieder zerstört (ein Jahr später sprach dasselbe Feuilleton, das ihn zuvor mit geistreichen Artikeln bedacht hatte, von einer »massenhaften Hirnlosigkeit«[16]). Ebenso verhält es sich im Bereich der Argumente, die das Objektive betreffen. Auch hier vollzieht sich ein ständiger Wechsel von Konstruktion und Destruktion, von These und Antithese, von Hinwendung und Vergessen.

Wie verhält sich der Marktanteil zu dieser anthropologischen Grundspannung? Es liegt auf der Hand: Quantitative Marktinformationen können der Dialektik des Menschen nicht gerecht werden. Ein Parfüm von Calvin Klein heißt »contradiction«. Die Marktbeobachtung kann dabei nicht mithalten; ihr Metier ist die Affirmation, aber sie ist unfähig zur Dialektik. Die Medien treten in die neue Ära des existenziellen Diskurses mit Scheuklappen ein, die in der alten Ära der Steigerung noch ein Attribut von Professionalität waren. In der alten Ära ging es um die Faszinierbarkeit der Menschen durch das *Intensivere*, in der neuen Ära setzt sich allmählich die Neugier auf das *Andere* durch. Das Andere aber ist der blinde Fleck der Marktbeobachtung. Ihre Spezialität war das Intensivere.

Wie war der Marktanteil? Die Frage erinnert an eine Kfz-Werkstatt. Ist der Ölstand ausreichend? Passt der Luftdruck? Sind die Radlager noch in Ordnung? Wenn es nur noch um Fragen dieser Art geht, wird der Medienprofi zum Kommunikationstechnologen, dessen Werthorizont sich in dem Ziel erschöpft, einen Apparat am Laufen zu halten. Was dabei fehlt, ist das Moment von Selbstüberschreitung und Antithese. Die undialektischen Medien werden zu *langweiligen* Medien, wie überhaupt unsere Kultur gerade wegen der Anstrengung, faszinierend zu sein und fasziniert zu werden, unübersehbar dazu tendiert, zu einer *langweiligen* Kultur zu werden.

Dagegen gibt es zwar schon im bestehenden System einen eingebauten Korrekturmechanismus. Der Marktanteil bestraft gelegentlich die Orthodoxie, die er selbst verursacht, indem er die Durchbrechung der Orthodoxie erdrutschartig belohnt. Stilbruch wird plötzlich zum Stilmittel. Ihrer selbst überdrüssig geworden, suchen sich Menschen neue Formen, ihre eigene Vergangenheit dialektisch negierend und sich selbst parodierend. Doch dabei entstehen unvermeidlich schon wieder neue Schemata. Im Durchbrechen der Konvention liegt bereits der Keim neuer Konventionalisierung.

Festzustellen ist gegenwärtig eine ständig scheiternde Form der Unkonventionalität, die imitierende Schematisierung. Die Medienszene ähnelt dabei einem vom Wind bewegten Kornfeld; Trends gehen über sie hinweg wie von überall her wehende Brisen, kurzfristige gleichgerichtete Schwankungen verursachend. Jeder beobachtet jeden; Gerüchte bilden sich, dass dieses Layout, jenes Thema, eine bestimmte Diktion, ein bestimmtes Persönlichkeitsschema (seriös, cool, gewinnend, provozierend usw.) Erfolg versprechend sei; Meinungsmoden flackern auf und erlöschen, um anderen Platz zu machen. Medienmacher, die vom Gefühl bedrängt werden, nicht über das für den Erfolg benötigte Wissen zu verfügen, neigen umso mehr zu der Annahme, dass es die anderen vielleicht *hätten*. A macht B nach, während dieser A nachmacht. Der eine Akteur imitiert das, was der andere von ihm abgeschaut hat. Durch diese kreisförmige Umwälzung kultureller Gestalterfindungen bilden sich Schemata heraus, beispielsweise das Schema der Katastrophenberichterstattung; das Schema der gut gelaunten Moderatoren; das Schema der Seifenoper. Bei aller Oszillation entsteht so etwas wie eine stabile Medienfolklore. Redundanz erscheint nicht etwa bloß als ein Betriebsunfall im Medienspiel, sondern als systematisch erzeugte Langfristtendenz. Die vielen Medien werden überraschend wieder zu *einem* Massenmedium.

Imitierende Schematisierung ist der Versuch, die Zukunft mit den Mitteln der Vergangenheit zu bewältigen. Einerseits geht das immer wieder aufkommende Neue auf die Suche nach Selbstüberschreitung und Antithese zurück. Andererseits wird alles Neue rasend schnell alt gemacht, weil die Marktbeobachtung systematisch die Medienzukunft mit der Medienvergangenheit verknüpft. Jede Innovation verwandelt sich sofort in Routine. Es ist, als ob jemand, der einen Witz erzählt, diesen sofort zurückerzählt bekäme, woraufhin alle Umstehenden auch noch anfangen, diesen Witz wieder und wieder zu erzählen. Die Bindung der Medien an Marktinformationen kann Selbstüberschreitung und Antithese zwar nicht unterdrücken, sie führt aber zu einem sofortigen und vielfach wiederholten kulturellen Recycling. Marktinformationen sind nicht witzig.

Die Medien faszinieren und langweilen deshalb gleichzeitig. Im Falle des Fernsehens zeigt sich das heimliche Gelangweiltsein an der Veränderung des Zuschauens. Wenn wir uns unter einem Zuschauer jemand vorstellen, der seine Aufmerksamkeit, dem klassischen Theaterbesucher vergleichbar, auf eine Darbietung richtet, und zwar von Anfang bis Ende, dann müssen wir gleichzeitig zugestehen, dass immer weniger Menschen als »Zuschauer« gelten können. Neben den echten Zuschauern gibt es solche, die das Fernsehen lediglich einschalten, um die Illusion zu erzeugen, es sei noch jemand in der Wohnung. Es gibt solche die zappen, eine Art Programmpromiskuität praktizierend. Es gibt solche, die *nicht* zappen, aber nicht etwa deshalb, weil sie wieder zu klassischen Zuschauern geworden wären, sondern weil sie ein Stadium erreicht haben, wo das Unterlassen des Zappens nicht mehr Interesse ausdrückt, sondern Gleichgültigkeit. Es gibt schließlich auch diejenigen, die still dasitzen und auf den Bildschirm schauen ohne etwas wahrzunehmen, nicht Zuschauer, sondern Hindurchschauer, die nicht angeben können, was in den gerade gesehenen Nachrichten gemeldet wurde, die sich an keine Marke aus dem Werbeblock erinnern können, die unfähig sind, einen Film nachzuerzählen, Meditierenden gleich, wie sie Hans Magnus Enzensberger in seinem Essay über das »Nullmedium Fernsehen« karikiert hat[17].

Es könnte jedoch der Fall eintreten, dass die Konkurrenzverhältnisse im Lauf der Zeit neben dem Marktanteil noch eine zweite Heuristik erzwingen werden. Der Marktanteil ist eine Heuristik der Bestätigung; gleichberechtigt könnte sich eine Heuristik des Durchbrechens etablieren, des Herumprobierens, der systematischen Selbstchaotisierung, des Konterkarierens. Gesucht ist eine Heuristik dessen, was der Markt noch gar nicht kennt. Medien werden denkbar, in denen Dialektik zum Strukturprinzip erhoben ist. Klar ist freilich, dass es dialektische Medien nur geben kann, wenn sie vom Markt akzeptiert werden. Die Marktinformation wird bei den dialektischen Medien nicht abgeschafft sein. Sie wird als Kontrollinstanz dazugehören; den kreativen Part aber wird sie nie übernehmen können.

Inwieweit es den Medien gelingen wird, sich in das dialektische Zeitalter hineinzufinden, hängt von ihrem *Eigensinn* ab. Aus der Perspektive der zurückliegenden Steigerungsphase der Ausdrucksmittel scheinen eigensinnige Medien wie ein Widerspruch in sich selbst. Ein eigensinniges Massenmedium kann es nur geben, wenn der Markt Eigensinn nachfragt. Eigensinnige Medien sind vom öffentlichen Bedürfnis nach Dialektik abhängig – und umgekehrt.

In dieser Medienwelt ist auch der Ort der Kritik neu zu bestimmen. Was hätte wohl Adorno zu Johannes B. Kerner gesagt? Man kann sich nichts anderes vorstellen als eine Ekelreaktion. Diese wäre ihm zuzugestehen, wie eben jeder von uns das Recht auf Ekel hat. Aber dieser Ekel würde sich auf das Fernsehen nicht auswirken. Größeren Einfluss als die kulturpessimistische könnte die kultur*morphologische* Medienkritik haben: eine, die nur zu beschreiben versucht, was tatsächlich der Fall ist. Aufgabe der Kritik wäre nicht mehr die korrigierende Belehrung, auf die ohnehin niemand achtet, sondern das zusammenfassende Gesamtbild, das immer auch die Möglichkeit des Andersseins erkennen lässt. Die Medienkritik der Zukunft könnte eine professionelle Hermeneutik des Marktanteils sein, spezialisiert auf das Explizitmachen aktueller kultureller Muster und ihrer Grenzen.

Mehr und mehr sind die Medien auf markt*un*abhängiges Nachdenken unter der akzeptierten Bedingung der Vermarktung angewiesen. Freilich: Noch deutet nichts darauf hin. Erkennbar ist gegenwärtig stattdessen die Tendenz, weiterzumachen wie bisher. Viele sagen dazu: Was sonst? Sie bekunden damit ihre Bereitschaft, sich auf den Pfad der Sinnillusion zu begeben – denn die bloße Marktorientierung der Medien wird in Zukunft die ungewohnte Konsequenz nach sich ziehen, dass sie immer nebensächlicher, langweiliger und schließlich auch – paradoxerweise – marktferner werden.

Sinnlosigkeit ist ebenso wenig objektiv definierbar wie Sinn. Eine Fundamentalkritik der Medien muss stattdessen mit dem Begriff der Sinnillusion operieren. Eine Sinnillusion liegt vor, wenn man sich in die Tasche lügt – es sei denn, man weiß und will dies. Wenn man im Zeitalter eines kollektiven Selbstfindungsdiskurses die Heuristik der Medien auf den Marktanteil gründet; wenn man Dialektik als Imitation organisiert; wenn man Eigensinn in die Frage kleidet »Was hättet ihr denn gerne?«; wenn man weitere Steigerung auch am Ende der Steigerung noch versucht – dann liegt der Verdacht auf Sinnillusion nahe.

Allerdings sind Sinnillusionen langlebig, denn sie haben ihrerseits durchaus einen verborgenen Sinn: den der autosuggestiven Selbstberuhigung. In einer Situation der Unsicherheit verschafft man sich das Gefühl, das Richtige zu tun. Das Gefühl mag trügerisch sein, aber man hat es gerne.

Alles, was wir erreichen können, ist, dass wir tatsächlich das tun, was wir für sinnvoll halten, und uns dies nicht nur einbilden. Das alte Schreckbild von den perversen, verantwortungslosen Medien ist zu ersetzen durch das von den *sinnillusionären* Medien. Wir finden es in einer Parabel von Franz Kafka beschrieben:

»Es wurde ihnen die Wahl gestellt, Könige oder der Könige Kuriere zu werden. Nach Art der Kinder wollten alle Kuriere sein. Deshalb gibt es lauter Kuriere, sie jagen durch die Welt und rufen, da es keine Könige gibt, einander selbst die sinnlos gewordenen Meldungen zu. Gerne würden sie ihrem elenden Leben ein Ende machen, aber sie wagen es nicht wegen des Diensteides.«[18]

In der Eventfolklore

Der Film »Baka«, vor Jahrzehnten von französischen Ethnologen gedreht, gibt Szenen aus dem Leben eines Naturvolks in Afrika wieder. Ab und zu sieht man einen alten Mann, der den Kindern signalisiert, dass er ihnen eine Geschichte erzählen möchte. Die Kinder hören auf zu spielen, setzen sich hin und schauen ihn erwartungsvoll an. Alle seine Geschichten beginnen mit der Floskel »Das war so«, und sie enden mit dem Satz »So war das«. Die Kinder beantworten diese Schlussworte mit einem gedehnten »Aaah«, springen auf und zerstreuen sich wieder.

Was hier sichtbar wird, ist eine soziale Ur-Idee: gemeinsam aus dem Fluss des Alltagsgeschehens herauszutreten und eine Enklave in Raum und Zeit zu schaffen, in der ein Arrangement zwischen Akteuren und Beobachtern gilt – der Tausch von Aufmerksamkcit gegen eine bemerkenswerte Darbietung. Noch nie aber, so scheint es, hat es so zahlreiche Verabredungen zwischen dem universellen Erzähler und seinem ewigen Publikum gegeben wie in unserer Zeit.

Stellen wir uns das Gespräch eines »kulturell auf-
geschlossenen« Paares mittleren Alters am Freitag
Nachmittag vor: Was machen wir heute Abend? Gehen wir ins Kino oder in die Matthäus-Passion?
Ganz nett könnte auch der Brecht-Liederabend sein;
ein Kritiker hat geschrieben, dass die Sängerin eine
tolle Mischung aus Verruchtheit und anrührendem
Schmerz hinkriegen soll. Oder gehen wir ins Theater? Ich hab gelesen, sie springen alle splitternackt
auf der Bühne herum, und keiner weiß, warum.
Außerdem sind wir zu einem Event eingeladen, mit
Lasershow, irgendein Performancekünstler macht
irgendwelche Sachen, das Ganze nennt sich »Future
Visions«, dazu kaltes Buffet. Nein, mir hängt alles
zum Hals heraus, lass uns daheim bleiben und zappen, nächste Woche ist sowieso schon wieder Veran-
staltungsmarathon wegen des Stadtjubiläums.

Dass Anzeichen einer gewissen Ermattung sichtbar werden, ist der weiteren Vermehrung und Ver-
dichtung von Ereignissen, die für ein Publikum inszeniert werden, offenbar nicht hinderlich. Mit der
Digitalisierung des Fernsehens und dem Alltäglich-
werden des Internets steht uns zudem ein neuer Stei-
gerungsschub von Tele-Ereignissen ins Haus. Es ist
nur eine andere Facette desselben Phänomens, dass
man überlegt, ob die Fußball-Europameisterschaft
nicht vielleicht alle zwei Jahre stattfinden sollte. Mehr
Ereignisse pro Zeiteinheit, wohin man auch sieht.
Das PR-Modewort der letzten Jahre heißt »Event«;
man promotet, wirbt und pflegt Images durch Inszenierungen; eine Branche mit Event-Firmen, Event-
Managern und Fachpublikationen ist entstanden.

Anschwellende Programmhefte, ausufernde Veranstaltungskalender, zunehmender Festival-Tourismus, Boom der Multiplex-Kinos, Expo, Millenium Dome – was ist aus dem Erzählen geworden?

Eine populär gewordene kulturkritische Deutung antwortet auf diese Frage mit der These einer umfassenden kulturindustriellen Überwältigung der Menschen. Sie würden zum Opfer einer machtvollen Fiktionsmaschinerie, die sich die Menschen so zurechtforme, wie sie vom »System« gebraucht würden: konsumgeil, unreflektiert, desinformiert. Dass man sich darüber längst nicht mehr so aufregt wie in den sechziger und siebziger Jahren, mag daran liegen, dass Wahrheiten überhörbar werden, wenn man sie nur oft genug wiederholt. Die Botschaft der Kulturkritik könnte das gleiche Schicksal erlitten haben wie der notorische Zusatz in der Zigarettenwerbung: »Rauchen gefährdet ihre Gesundheit«.

Oder verhält es sich gerade umgekehrt? Hat die Kulturkritik etwa Widerhall gefunden? Vielleicht konnte sie ja Terrain besetzen, den Angriff als Verteidigung wählend. Kulturkritisch inspirierte Gegenereignisse vom Typ des Demaskierungstheaters haben sich doch geradezu zu einem Genre verfestigt, besonders in Deutschland. Der Ehrgeiz, »Mauern in den Köpfen einzureißen«, ist für viele Regisseure, Choreographen, Autoren, bildende Künstler oder auch Kulturpolitiker Programm.

Wie also ist die Flut der Ereignisse zu deuten? Viele Antworten auf diese Frage sind vorschnell, weil die meisten Kommentatoren unausgesprochen von einem bestimmten Deutungsschema ausgehen, dessen Tauglichkeit neu zu prüfen wäre. Erotikmesse, Autosalon, Dichterlesung – mit der Frage, ob es sich dabei um »Verblendung« oder »Aufklärung« handle, setzt man bereits ein Modell voraus, dessen Geltung inzwischen selbst in Frage steht: eine Vorstellung davon nämlich, was bei einem inszenierten Ereignis eigentlich passiert. Der Film »Sissi« beispielsweise verbindet diesem Modell zufolge drei Bereiche. Er rührt den einzelnen Zuschauer, dieser erfährt sich als Teil eines gerührten Publikums, und der Film sagt etwas aus. Mit anderen Worten: »Sissi« verbindet das Subjektive, das Intersubjektive und das Objektive. Dieses Deutungsschema bezeichne ich im Folgenden als das *Drei-Sphären-Paradigma* inszenierter Ereignisse. Man *erlebt*; man erlebt *gemeinsam*; man erlebt etwas »*Wirkliches*«. Ja: etwas »Wirkliches« auch bei »Sissi«. Der Umstand, dass dieser Film alles umlügt, die Biographie, die historischen Abläufe, die sozialen Verhältnisse, dieser Umstand könnte die Wahrscheinlichkeit sogar noch erhöhen, dass die Zuschauer dem Film glauben.

Wo käme die soziale Konstruktion der Wirklichkeit machtvoller über den Einzelnen als in inszenierten Ereignissen? Hier begegnen sich die drei Sphären des Subjektiven, des Intersubjektiven und des Objektiven so wirkungsvoll wie nirgendwo sonst. Es ist die brisante Mischung von Gefühlsbewegung, Publikumsgemeinschaft und Weltbilddramaturgie, die »Sissi« alle Harmlosigkeit nimmt. Zu diskutieren ist freilich, ob diese Mischung auch heute noch entstehen kann – ob das altgewohnte Modell der sozialen Wirksamkeit inszenierter Ereignisse noch passt.

Angesichts der unbestreitbaren Reichweite des Drei-Sphären-Paradigmas scheint dieser Zweifel zunächst unangebracht. Die Geschichten des Märchenerzählers bei den Baka etwa waren nicht bloß spannend, sondern Teil einer großen kollektiven Selbsterzählung. Sie beantworteten grundlegende existenzielle Fragen: Was ist das Wesen der Dinge, mit denen wir täglich umgehen? Wo kommen wir her, und welchen Sinn hat unser Leben? Was muss man tun, um wichtige Ziele zu erreichen und um Bedrohungen abzuwenden? Auch in den inszenierten Ereignissen gänzlich anderer Kulturen begegnet uns das Grundmuster von Faszination einerseits und kollektiver Selbstvergewisserung andererseits. Die katholische Messe etwa ist seit vielen Jahrhunderten ein Ereignis, das gleichzeitig die Sinne anspricht und das gemeinsame Bekenntnis zu einem Weltbild befestigt. In der protestantischen Entsinnlichung des Gottesdienstereignisses wurde der transsubjektive Zweck, die gemeinsame Konstruktion des Objektiven, sogar noch wesentlich verstärkt, um Religion nicht durch Lust zu profanieren.

Hinrichtungen wurden in vielen Kulturen als Ereignisse inszeniert, um mit dem Köder einer Sensation die Menschen für eine Lehrstunde über Moral, Machtverhältnisse oder Zugehörigkeit und Ausgeschlossensein einzufangen – Volkspädagogik mit dem Töten als didaktischem Mittel. Ein Ball-Ereignis in einer russischen Provinzstadt des 19. Jahrhunderts mochte ein Vergnügen sein oder auch nicht, es war auf jeden Fall, wie wir Gogols Beschreibung in »Tote Seelen« entnehmen können, ein Ereignis der

gemeinsamen Anschauung sozialer Rangverhältnisse. Bildende Kunst, Musik, Literatur wurden in
Europa jahrhundertelang als gemeinsame Annäherung an diesseitige oder jenseitige Wirklichkeit begriffen. Noch Marcel Proust entwickelt in der »Re-
cherche« eine platonische Musiktheorie, derzufolge
der geniale Komponist Melodien nicht *er*findet, sondern *findet*. Alles in den Schatten stellten die natio-
nalsozialistischen Massenereignisse. Göbbels war
ein Genie der Orchestrierung kollektiver Selbsterfahrung in großen Inszenierungen von Ideologie mit
den Mitteln moderner Technik – Scheinwerfer, Laut-
sprecher, Monumentalarchitektur, massenmediale
Verstärkung.

Die Macht intersubjektiver Erfahrung tritt in den
berühmten Experimenten von Ash zu Tage. Gegen
den eigenen Augenschein beurteilten Probanden die
eindeutig kürzeste von drei Linien als die längste,
nachdem dieses Fehlurteil von mehreren anderen
»Beurteilern« (eigentlich Verschworene des Ver-
suchsleiters) abgegeben worden war[19]. Im Zeitalter
des Konstruktivismus muss man sich erst wieder
daran erinnern, dass es Kommunikation *gibt*, und
zwar nicht bloß als Prozess zwischen monadischen
Systemen, sondern als Austausch von Bedeutungen.
Semantische Gemeinsamkeit ist möglich. Die unaufhebbare Singularität von Erlebnissen ist unterlegt
von Ähnlichkeiten – und die Teilnehmer an einem
Ereignis spüren dies.

Bei inszenierten Ereignissen verständigen sich
Menschen über das Objektive: über die von ihnen
gemeinsam angenommene Wirklichkeit. Dass dies

84

oft kontroversen Charakter hat, dass es viele subkulturelle Gegensätze gibt, ändert nichts an der Handlungsmacht der Bilder, die sich Menschen in Publikumsgemeinschaften machen. Sissi etwa wurde in den fünfziger Jahren zur Metapher für eine gütige Obrigkeit. In Großereignissen inszenierte sich die deutsche Nation als Herrenvolk. Die Erzählungen der Baka erklärten die Natur. Christen der charismatischen Bewegung glauben, dass Gott bei ihren Ereignissen anwesend sei. Das geglaubte Objektive hat viele Gesichter. Es erscheint als sozialer Tatbestand, als Naturgesetz, als metaphysisches Wesen, auch als Erkenntnis des eigenen Gegebenseins: »Ja, so sind wir«. Was inszenierte Ereignisse so brisant macht, so chancenreich, aber auch so gefährlich, ist nach dem Drei-Sphären-Paradigma das gemeinsame Erlebnis von Deutungsmustern.

In Erlebnisgemeinschaften verstärkt sich der Appeal des wahrgenommenen Geschehens oft zu hypnotischer Kraft. Die Faszination des Einzelnen, der beim Torschuss aufschreit, erwächst zu einem guten Teil aus der Wahrnehmung, dass viele andere gleichzeitig aufschreien. Bei inszenierten Ereignissen verläuft das Erleben auf zwei Ebenen: bezogen auf den beobachteten Sachverhalt, etwa auf die erzählte Geschichte, das Weihnachtsoratorium oder das Fußballspiel, und bezogen auf die diffus gespürten anderen, die denselben Sachverhalt im Auge haben. In dieser zweiten Schicht der wahrgenommenen Erlebnisse der anderen baut sich fast automatisch eine Synchronisation der Subjekte auf, erfahrbar im Schweigen, im Applaus, im Aufschrei. Die Gleichzeitigkeit der Äußerungen wird als Gleichzeitigkeit des Innenlebens gedeutet. Was immer man in diesem Moment erleben mag, es gewinnt durch den Charakter der Intersubjektivität eine Überzeugungskraft, die das allein Erlebte so gut wie nie erreicht.

Das Drei-Sphären-Modell inszenierter Ereignisse dient vielen, die sich über Kultur Gedanken machen – Kritikern, Politikern, Künstlern, Werbeleuten – als Hintergrundparadigma. Doch sie sind damit nicht mehr auf der Höhe der Zeit. Ihr Modell scheint zeitlos, aber es ist von gestern. Es genügt, in einer Großstadtzeitung die Seiten mit den Veranstaltungshinweisen aufzuschlagen, um ins Zweifeln zu geraten. David Copperfield als »intersubjektive Verständigung über das Objektive«? Nein, das ist doch einfach bloß eine Show. Doch was heißt das: einfach bloß eine Show?

Betrachten wir hierzu eine kleine Episode aus dem Münchner Kulturleben. In der Vorweihnachtszeit 1998 mokierte sich ein Kolumnist der *Abendzeitung* über die zahlreichen Aufführungen des Weihnachtsoratoriums von Bach mit den Worten, solche »säkularisierten Konzert-Events« bedeuteten »schlicht eine Strapaze«. Der Artikel suggerierte die Frage: Was soll das alles? Empört antwortete der Dirigent Enoch zu Guttenberg vom Konzertpodium aus, für ihn sei das Weihnachtsoratorium »Gottesdienst«.

Verallgemeinern lässt sich dies freilich nicht. Musik und Transzendenz – dies klingt eher nach kulturgeschichtlicher Erinnerung als nach zutreffender Gegenwartsdiagnose. Ein Bedauern über verschwundenen Zauber verbirgt sich gerade auch in der Kritik und in der Verspottung von Kultur als »bloßem Event«. Kulturbeflissene und Angeekelte scheinen von derselben Sehnsucht nach Bedeutung umgetrieben zu werden. Das Wort »Gottesdienst« symbolisiert den Wunsch, wenigstens in der Kunst über sich selbst hinauszukommen, und die Kritik teilt diesen Wunsch.

Sowohl in der Kritik des Weihnachtsoratoriums als auch in seiner Apologie schwingt zwar der Glaube an die Bezugnahme inszenierter Ereignisse auf eine Sphäre jenseits des Subjektiven mit, aber das Drei-Sphären-Paradigma scheint nur noch für Einzelne zu passen; es beschreibt wohl noch Privatangelegenheiten, nicht aber kollektive Muster. Unzeitgemäß geworden, taugt es auch nicht mehr als Grundlage für Begriffe wie »Verblendung« oder »Aufklärung«. David Copperfield scheint dafür zu nebensächlich, aber verhält es sich etwa mit »Così fan tutte« oder einer Faßbinder-Reprise im Programmkino anders? Event – vielleicht ist dieses Modewort deshalb in den neunziger Jahren in Deutschland aufgetaucht, weil man ein neues Wort brauchte. Was könnte soziologisch gesehen dahinter stehen?

Man kann diese Frage negativ oder positiv angehen. Man kann zum einen das verblassende kulturelle Muster in einer Nicht-Mehr-These benennen, etwa so: Die Einhegung von Enklaven des Schauens und Zeigens verliert allmählich jenen Sinn, der in der Baka-Szene so augenfällig ist und der auch in der europäischen Kulturgeschichte bis vor kurzem noch als der »tiefere« galt: das gemeinsame Erleben von etwas Objektivem. Die positive Komplementärthese dazu lautet: Was übrig bleibt, ist der Bezug auf das erlebende Subjekt. Was unterscheidet die Kulturbeflissenen von den Fernsehsüchtigen, den Motorsportbegeisterten, den Fußballfans, den Volksmusikfreunden und den Internetfreaks? Dem einen gefällt eben dies, dem anderen jenes – die Lust auf das eine oder andere wurde zur unanfechtbaren ästhetischen Letztbegründung, vergleichbar der Antwort auf die Frage, warum sich jemand im Restaurant für den Schweinebraten und nicht für das Rindergulasch entscheidet.

Für viele Menschen unserer Zeit besteht das Sinnkapital, aus dem sie beim Projekt ihres Lebens schöpfen, nur noch aus dem, was ihnen gefällt. Hätten sie auf nichts Lust, sie wüssten nicht, wozu sie da sind – eine Beschreibung, deren Erstaunlichkeit sich erst dann richtig erschließt, wenn man überlegt, wie gering ihr kulturgeschichtlicher Geltungsbereich ist. Keine Kultur reicht an die religionshafte Subjektzentrierung der Gegenwart heran. Eine Introversion der Lebensphilosophie hat sich vollzogen, eine Theologisierung der inneren Befindlichkeit, die dazu führt, dass das bloße Menschsein im anthropologischen und psychologischen Sinn den Kurs des Menschseins im philosophischen Sinn angibt.

Menschen unserer Zeit erscheint es immer fremder, dass etwa Abenteuerlust *auch* als Mittel der kollektiven Selbstbehauptung dienen könnte, Neugier *auch* als Mittel kognitiver Anpassung in ständig wechselnden natürlichen und sozialen Horizonten, oder gar Sexualität *auch* als Mittel der Fortpflanzung. Diese Grundhaltung erstreckt sich auch auf inszenierte Ereignisse. Wenn man das eigene Leben als Selbstzweck betrachtet, interessiert man sich vor allem dafür, ob die Ereignisse einem »gefallen«, kaum aber dafür, ob sie etwa über das eigene Leben hinausweisen.

Dem könnte man entgegenhalten, dass die Menschen doch schon immer hungrig auf Erlebnisse waren. Die Gier auf Erlebnisse ist es gewiss nicht, die unsere Kultur von anderen unterscheidet. Jene Motive, die heute die Menschen dazu bewegen fernzusehen, in Konzerte zu gehen, Weltausstellungen zu besuchen oder ein Formel-1-Rennen zu verfolgen, haben auch schon im 16. Jahrhundert Zehntausende dazu veranlasst, in der Markuskirche in Venedig den unerhörten neuen Orgelklängen von Gabrieli zu lauschen. Ebenso war die Suche nach Faszination im Spiel, wenn man im Mittelalter Reisende solange festhielt – wenn es sein musste mit Gewalt – bis sie alles erzählt hatten[20]. Noch nie aber waren subjektzentrierte Motive in solchem Maße und in solcher Verbreitung zum Selbstzweck erhoben und aller anderen Bezüge entkleidet.

Betrachten wir zum Vergleich noch einmal die Beispiele Messe, Hinrichtung und Ball. Die Pracht der katholischen Messe, der Weihrauchduft und die Glocken und Orgelklänge sprachen die Erlebnisbereitschaft der Gottesdienstbesucher an, trotzdem war die Messe mehr als ein Event, weil die Erlebnisbereitschaft in einen religiösen Rahmen eingebunden war. Hinrichtungen wurden zwar als Spektakel und

Volksbelustigung inszeniert, man baute sogar regelrechte Zuschauertribünen auf und kombinierte die Hinrichtung oft mit Jahrmärkten und Lustbarkeiten, trotzdem war die Hinrichtung nicht bloß eine Show, sondern der rituelle Vollzug dessen, was als »gerechte Strafe« in einem überpersönlichen Bezugsrahmen von Gut und Böse definiert war. Gesellschaftliche Ereignisse im 19. Jahrhundert, etwa der Besuch einer Opernaufführung oder ein Ball, sprachen zwar die Sinne an, doch sie waren auch die Kulisse für die Inszenierung objektiver sozialer Verhältnisse.

In der subjektiv empfundenen Sensation teilte sich etwas mit, das als objektiv galt. Messe, Hinrichtung, bürgerliche Festlichkeit hatten *auch* eine überpersönliche Bedeutung. Dass das jeweilige Ereignis den Teilnehmern »Spaß machte«, dass sie sich nicht langweilten, dass sie etwas erlebten, war nur eine von mehreren Bedeutungsschichten des Ereignisses, oft genug nur eine List, um den religiösen oder sozialintegrativen Hauptzweck zu erreichen.

Bei den Ereignissen der Erlebnisgesellschaft dagegen haben sich die Verhältnisse umgedreht. Am prägnantesten tritt dies gerade in Ereignisformen mit langer Tradition zu Tage. Immer noch gibt es beispielsweise kirchliche Messen und bürgerlich erscheinende Festlichkeiten, die Tendenz geht jedoch dahin, das zum kulturellen Spielmaterial gewordene Ablaufschema nur noch für den Zweck einer psychophysischen Erregung zu instrumentalisieren. Man projektiert Erlebnisgottesdienste und Jahresabschlussevents. Das Objektive mag sich dazu denken wer will, öffentlich aber spielt es kaum noch eine Rolle, ja es gerät schlicht in Vergessenheit.

Doch dies ist nur eine Nicht-Mehr-Aussage. Die spannende Anschlussfrage lautet: Was dann? Es ist hier nicht möglich, alle Muster zu beschreiben. Greifen wir eines davon – das wichtigste – heraus: das Muster des zirkulären Subjekts (der Gegentyp des eigensinnigen Subjekts kommt am Schluß zur Sprache). In Ereignissen, deren Hauptsinn darin besteht, Erlebniswünsche zu bedienen, begegnen die Menschen vor allem immer wieder sich selbst. Sie bestätigen sich durch das Gewählte so, wie sie sind oder zu sein glauben. Das Programm, die Welt auf sich zu beziehen, führt in die zirkuläre Existenz: Ich will, weil ich will. Um festen Boden unter die Füße zu bekommen, trachten die Menschen danach, ihre Subjektivität zu objektivieren. Man sucht Orientierung bei Richtgrößen wie Veranlagung, Lebensgeschichte, psychischen und somatischen Gesetzmäßigkeiten. Spontane Wünsche werden mit der Legitimationskraft von Naturereignissen ausgestattet. Die nachmetaphysisch wieder aufbereitete Vorstellung von Seele setzt an die Stelle des von Gott eingepflanzten inneren Kerns das Modell eines singulären persönlichen Schemas, das selbst so etwas wie Gott ist, eine Sendestation innerer Imperative, denen man unbedingt Folge zu leisten hat. Nachdem die Menschen das Objektive als Orientierungsvorgabe durch die Orientierung auf sich selbst ersetzt haben, lassen sie es durch die Hintertür wieder herein und setzen es ausgerechnet an den Platz, den sie sich als Zentrum ihrer Subjektivität vorstellen.

Doch die Imperative sind oft unklar, die Möglichkeiten des Andersseins grenzenlos, die Drehungen des tautologischen Ichs im Zirkel der Selbstbegründung unbehaglich. Deshalb gibt es einen tiefen Wunsch nach Beherrschtwerden. Der Glaube, nach dem viele am dringendsten suchen, ist der Glaube daran, dass man etwas Bestimmtes ist, etwas Bestimmtes will, und es sich auf eine bestimmte Weise verschaffen kann. Gestalterfindungen, die man sich in einem Akt lustvoller ästhetischer Unterwerfung aneignet, indem man ihre Urheber charismatisch überhöht, wurden zu einer heftig nachgefragten Dienstleistung. Weltweite Wogen der Charismatisierung spülen ständig andere beliebige Personen aus dem Nichts nach oben: Popstars, Models, Schauspieler, Moderatoren, Sportler. In atemberaubend kurzer Zeit erlangen sie Reichtum: alles Geld der Welt für suggestive Gestaltgebung. Die unausgesetzt erzeugten Schemata, weltweit verbreitet in großflächigen, mehrere Monate dauernden Episoden, gleichen den Attraktoren der Chaostheorie – Trendsportarten, Slangs, Moden, Körpertypen, Gesichter des Jahres, Designkreationen und so weiter wurden zu Ordnungsmächten. Gestalterfindungen sammeln die zahllosen erratisch bewegten Partikel der Subjektivität ein, strukturieren das Amorphe, setzen ständig neue Zirkel an die Stelle der alten. Die Herrschaft von Schemata über Menschen wird aus dem Wunsch geboren, von Schemata beherrscht zu werden.

Mehr und mehr kommt es dabei zu einem lärmenden, rotierenden, vibrierenden Stillstand. In den Ereignissen der Erlebnisgesellschaft spiegeln sich die Menschen in dem Zustand wider, der sie veranlasst hat, das jeweilige Ereignis zu wählen. Nichts zeigt dies deutlicher als die kurze Geschichte des Fernsehens, von der im vorhergehenden Beitrag die Rede war. Die aus den Wahlhandlungen der Menschen erschlossenen Wünsche werden von Quotendeutern interpretiert und als Informationsgrundlage für die Produktion noch angepassterer Ereignisse verwendet.

Solche Ereignisse befördern keine kollektiven Lernprozesse, weder solche, die das Wort »Fortschritt« verdienten noch pathologische. Sie umplätschern die Menschen wie körperwarmes Badewasser, kaum spürbar, fast niemals irritierend, ins Belieben jedes Einzelnen gestellt. Sie bedeuten nichts jenseits ihrer Oberfläche. Die Expo ist die Expo. Das Stadtjubiläum ist das Stadtjubiläum. Der Autosalon ist der Autosalon. Operette, Impressionistenausstellung, Orgelkonzert, Pornofilm, Theater, Fernsehshow und Fußballspiel sind nichts weiter als immer eben nur ein auf sich selbst und das jeweilige Publikum verweisendes Vorkommnis.

Entstanden ist ein Ereignis-Autismus im doppelten Sinn: Ereignisse haben nur sich selbst als Rahmen, und die Teilnehmer an Ereignissen haben nur sich selbst als Deutungsinstanz. Die gelegentliche Versicherung, dass ein Ereignis mehr sei als eine abgekapselte Episode für abgekapselte Beobachter, wird oft schon dadurch widerlegt, dass man sie überhaupt ausspricht. Was soll das für ein Kultfilm sein, der für sich selbst mit dem Hinweis wirbt, er sei ein

Kultfilm? Welcher Tabubruch ist noch möglich, wenn man sich in der Theaterlandschaft gegenseitig dafür belobigt, man breche alle Tabus? Sobald eine Bedeutung, die ein Ereignis jenseits seiner selbst haben könnte, zum Bestandteil des Ereignisses gemacht wird, geht sie verloren. Die »zum Ereignis« gemachte Zeitgeisthaftigkeit (»Kultfilm!«) erreicht den Zeitgeist nicht mehr, das inszenierte Durchbrechen von Konventionen (»Tabubruch!«) nicht mehr die öffentliche Moral, die als Themenpark gestaltete Kulisse (»Vergangenheit und Zukunft!«) nicht mehr die kollektive Identität. Politik, Religion, kultureller Eigensinn, Standortbestimmung des Menschen in der Welt – alles wird zum Ingredienz, zum Badesalz von Menschen, die mal in diesen, mal in jenen Whirlpool steigen. Zur Selbstbezüglichkeit von Ereignissen passt die kulturtechnische Erfindung des Erlebnisparks. Man taucht in zeitlich und räumlich eingegrenzte Szenerien ein, angeboten zur gefälligen Benutzung.

Der doppelte Autismus der Ereignisse und ihres Publikums bekundet sich in nichts deutlicher als in den Antworten auf die Frage »Wie war's?« nach Ende der Veranstaltung. Was man üblicherweise zu hören bekommt, sind Urteile über die psychophysische Reizqualität des Dargebotenen, formuliert in einer auf alles und jedes anwendbaren Standardsprache der Erlebnisschilderung: »ganz nett«, »super«, »hat mir gut gefallen«, »langweilig«, »wirklich interessant«, »spitzenmäßig«, »einfach Wahnsinn«. Ein Theater, das sich in dieser Landschaft als moralische Anstalt begreift, zeugt von Naivität. Eine Ästhetik, die die Betrachtung der Welt auf die Höhe der Zeit bringen will, bleibt dazu verurteilt, Kulturförderungspreise entgegenzunehmen. Seit Aufklärung zum Erlebnisprojekt wurde, konkurriert Guernica mit Holiday on Ice.

Unter diesen Umständen kommt es zu einer umfassenden und ständig weiter ausgreifenden Folklorisierung von Ereignismustern. Das volkstümliche Schema dient beiden Seiten: Es macht das Produkt der Ereignisanbieter anschlussfähig, und es erlaubt den Nachfragern die rasche Dekodierung. Lachen, Versunkenheit, Bierseligkeit, bildungsbürgerliche Interessiertheit, kollektive Ekstase – die Erlebnisfolklore definiert, was wann am Platz ist. Kulturelle Kompetenz hat sich gewandelt; es kommt nicht mehr auf Bildung im klassischen Sinn an, sondern auf folkloristische Formensouveränität: die Zeichensprache zu kennen, standardisierte Situationen richtig einzuschätzen, mit dem Archiv der Ereignismuster vertraut zu sein. Ständig kommen neue Elemente hinzu: das Verpacken im Stil von Christo, die Love-Parade, Ballermann, die Choreographie der Boy Groups, der über einer Garage angebrachte Basketballkorb, Vanessa Mae mit Plastikgeige und Inline-Skates. Daneben bestehen die eingeführten folkloristischen Muster weiter: Opernarie, Popkonzert, Ausstellung, Bildungsreise, Skizirkus, Konsumentenmesse. Überblick wird durch Spartenbegriffe hergestellt, in Veranstaltungskalendern, in Programmzeitschriften, in Musikgeschäften mit Abteilungen für U und E, in Buchläden, in Kontaktanzeigen, im Tourismus, in der Gastronomie.

95

Folklorisierung ist eine Form intersubjektiver Verständigung, bei der es nur noch in einem sehr eingeschränkten Sinn um Objektives geht – nicht mehr um Gott und die Welt, sondern nur noch um die symbolische Ordnung als solche: »Klar, das ist doch eine romanische Kirche, schau dir doch die Fenster an.« Oder: »Weißt du, dass es von diesem Song auch eine Coverversion von Whitney Houston gibt?« Oder: »Wir fliegen nach New York; da muss man einfach mal gewesen sein.« Folklorisierung besteht im gemeinsamen Ordnen und Aufräumen einer Sammlung. Die Ereignisfolklore verweist auf sich selbst, sie wird zur Ordnung an sich, ohne doppelten Boden, reduziert auf eine Semantik von der Struktur des Satzes »Es gibt dieses und jenes«. Zusehends verblassen Bedeutungen jenseits der bloßen folkloristischen Ordnung, die damit ehemals verbunden waren, etwa soziale Distinktionen oder subjektüberschreitende Lebensphilosophien.

Die Umgangsweisen mit der Folklore zeugen von einem Hintergrundmotiv, das in der Standardbegründung »Weil es mir eben Spaß macht« ungenannt bleibt: der Wunsch nach Orientierung. Betrachten wir kurz zwei dieser Umgangsweisen: das Kennertum und das Vorbeischauen. Im *Kennertum* kultiviert man ausgewählte symbolische Bereiche. Man eignet sich Fachgebiete an, um darin spazieren zu gehen. Der Umgang mit Geschichte, Kunst, Musik, Popstars und inszenierten Ereignissen hat dabei seinen Sinn immer weniger in der Auseinandersetzung mit Inhalten und immer mehr im Gefühl der Ankunft bei etwas wohl Bekanntem. Ob es sich dabei um Glenn

Gould, um Derrick oder um Techno handelt, ist ohne große Bedeutung. Das Vergnügen liegt im Bescheidwissen als solchem, gekoppelt mit einer botanisierenden Rezeptionshaltung. Im Gegensatz dazu besteht die Haltung des *Vorbeischauens* im Bewahren von Souveränität durch eine Art unbeteiligter Beteiligung. Man erledigt Pflichten, die man seinem eigenen Leben gegenüber zu haben glaubt. In der Lebensform des Vorbeischauens wird die Technik des Zappens vom Fernsehen auf alles übertragen. Als Zapper hat man die Dinge im Griff; ein kurzer Blick genügt, um das gerade aktuelle folkloristische Muster zu erkennen.

Die folkloristischen Ereignisse ähneln in der Wahrnehmung vieler Teilnehmer freilich einem täglich neu angerichteten riesigen Buffet – sie scheinen ihnen bei aller Vielfalt immer gleich. Eine heimliche Langeweile an Inszenierungen erzeugt Neugier auf die Wirklichkeit jenseits der Darstellungen. Das Publikum will zum Zeugen werden, es interessiert sich für Klatschgeschichten, für Interviews, für Talkshows mit Protagonisten. Das Private soll Wirklichkeit herstellen. Prickelnder als die Filme mit Sharon Stone erscheinen die Banalitäten, die sie in einem Interview über sich selbst äußert. Claudia Schiffer und David Copperfield erzeugten zunächst durch eine Liebesgeschichte den Eindruck von Privatheit; dann wurde behauptet, es handle sich um einen Schwindel, wodurch ein zweites Mal der Eindruck von Privatheit entstand, diesmal durch die ungewollte Aufdeckung der Inszeniertheit des Privaten. Doch was heißt hier Schwindel? Das Privatleben der Protagonisten wird inzwischen ebenso sorgfältig arrangiert wie die Primärinszenierungen, ohne dass jemand daran Anstoß nähme. Im Gegenteil: Die Forderung nach einer eindrucksvollen öffentlichen Selbstdarstellung erlangt allmählich denselben Rang wie die eigentlich zu erwartende Leistung. Selbst Fußballtrainer und Fußballspieler werden mehr und mehr danach beurteilt, ob sie »gut mit den Medien umgehen können«, im Klartext: ob sie brauchbare Fiktionen des Privaten abliefern. Eine Als-ob-Wirklichkeit ist entstanden, abgesichert durch die unausgesprochene Übereinkunft aller Beteiligten einschließlich des Publikums, das gespielte Echte als echt zu betrachten.

Was eigentlich gespielt wird, zeigt sich am deutlichsten in der Folklorisierung des Voyeurismus. Voyeurismus entspringt der Sucht nach Ereignissen, die nicht für Beobachter gemacht sind. So stark treibt dieser Wunsch nach Teilnahme am Heimlichen die Menschen um, dass sie sich mit Heimlichkeiten zufrieden geben, die nur inszeniert sind, süchtig nach Klatsch, der echt sein *könnte*, selbst wenn sie wissen, dass er frei erfunden ist. Gerichtlich erzwungene Gegendarstellungen und Widerrufe falscher Behauptungen führen keineswegs zum Konkurs von Boulevardmagazinen.

Die Zuwendung zu sich selbst ist oft mit einer Abwendung von der Welt verbunden. Für das zirkuläre Subjekt wird die Wirklichkeit zur Kulisse. Man begreift das Leben als ein Durcheilen von Schauplätzen, zwischen denen man nach dem Grundsatz optimierenden Gefühlsmanagements verkehrt.

Selbst Nachrichten – Tempel des Objektiven wegen ihrer dezidierten Bezugnahme auf das zum Zeitpunkt der Nachricht schon Geschehene – geraten in den Sog einer ereignishaften Umwandlung. Sie werden zu einem Textgenre, das sich zwar noch an den traditionellen Anspruch der Information über Objektives erinnert, aber in folkloristischer Weise, vergleichbar der Umdeutung derber Lodenjacken in Modeartikel.«Nachrichten« drohen darauf reduziert zu werden, ein Nachrichtengefühl zu erzeugen, das man mit Worten wie »interessant«, »wichtig«, »bestürzend«, »aufwühlend«, »pikant« oder auch einmal »schrecklich« beschreibt. Es mag nun durchaus sein, dass die Nachrichten objektiv richtig sind, doch wird dies zur Nebensache ohne große Bedeutung, wenn es bei ihrer Kenntnisnahme primär um das Gefühl geht, das sie momentan auslösen.

Die gleiche Abschwächung des Interesses an der außersubjektiven Wirklichkeit erfasst auch andere klassische Formen der Weltdeutung. Etwa ist es unüblich geworden, in der Kunst nach Formeln für das Leben zu suchen, nach Problembeschreibungen. Normal ist vielmehr die Suche nach dem »Interessanten« und der Wunsch, Langeweile zu vermeiden. Ein anderes Beispiel sind Formen der Religiosität, bei denen nicht die Annäherung an das Heilige der Hauptzweck ist, nicht die Verringerung der Entfernung zwischen sich selbst und dem Unbegreiflichen, sondern allein die schöne Empfindung des Ergriffenseins. Auch in den zahllosen Inszenierungen von Gemeinschaft, vom Fußballspiel bis zur Raverparty, kommt es nicht auf Gemeinschaft im objektiven Sinn an, was ja auch Pflichten und Opfer einschließen könnte, sondern auf den subjektiven Eindruck, zu einer Gemeinschaft zu gehören. Worum es dabei geht, ist die momentane suggestive Überwältigung durch die Masse, an der man selbst als Partikel beteiligt ist. Auf diese Weise transformieren sich Nachricht, Kunst, Religion, Gemeinschaft in Aktualitäts*gefühl*, Kunst*erlebnis*, religiöse *Empfindung*, Massen*schauer*.

Deswegen lautet die gängigste Erfolgsbeschreibung geglückter Ereignisse: »Es war ein Erlebnis.« Die Täuschung, dass es sich immer noch um Nachricht, Kunst, Religion oder Gemeinschaft handle, oder auch um Liebe, Heimat, Brauchtum, Geschichtsbewusstsein, diese Täuschung beruht darauf, dass all diese Schemata schon immer mit Erlebnissen verbunden waren. Doch etwas Wesentliches ist anders geworden: Erst war das Gefühl nur Begleiterscheinung einer als objektiv vorgestellten Hauptsache, jetzt ist das Gefühl selbst die Hauptsache, während das Objektive nur Kristallisationspunkt für Gefühle ist, insofern austauschbar, so wie man Himbeer-Aroma mit Seife, Joghurt, Saft und beliebigen anderen Trägersubstanzen kombinieren kann.

Was soll man dazu sagen? Mit Worten wie »Entleerung«, »Oberflächlichkeit« und »Hedonismus« attackiert die Kulturkritik die Reduktion inszenierter Ereignisse auf die Sphäre »bloßer« Erlebnisse. Sie wirkt damit wie Don Quichote im Kampf gegen Windmühlenflügel: ritterlich und verrückt. So ehrbar die Motive sein mögen, so sehr läuft der Angriff doch ins Leere. Nicht nur, dass eine Rückkehr zu früheren Zeiten nicht möglich scheint, sie wäre auch gar nicht wünschenswert.

Wie sollten wir wieder zu »Baka-Situationen« zurückfinden? Der Weg dorthin ist schon deshalb versperrt, weil sich die Einheit des Publikums auflöst. Wir haben es nur noch mit einem einzigen diffusen Publikum ohne Zentralereignis zu tun, mit Menschen, die zwischen zahllosen Einzelereignissen fluktuieren. Sie können sich weder als Erlebnisgemeinschaft erfahren noch ihre disparaten Erlebnisse gar zu einer großen gemeinsamen Erzählung zusammenfügen. Zum Abschluss kommt die Auflösung des Publikums mit der Entzeitlichung und Enträumlichung von Ereignissen durch Telekommunikation und Internet.

Aber ist dies zu bedauern? Warum soll nicht jeder tun, was ihm gefällt, solange er niemand damit schadet? Warum soll nicht jeder auf seine Weise mit inszenierten Ereignissen umgehen, »oberflächlich« oder »tiefgründig«? Die Idee, das Drei-Sphären-Paradigma zum kulturpolitischen Programm zu machen, diese Idee ist so unmodern wie die Reimform in der Lyrik oder das Absingen von Hymnen auf sozialdemokratischen Parteitagen. Dabei vermengt sich nämlich das Objektive mit eigenen Erlebnissen und mit der Suggestion der Erlebnisgemeinschaft. Käme die Vermengung dieser drei Sphären wieder in Mode, man müsste sie als unsachlich und potenziell gefährlich bekämpfen. Inszenierte Ereignisse sind nicht mehr der Ort von »Aufklärung« oder »Verblendung«.

Sind sie also überflüssig? Diese Frage wird von der instrumentellen Vernunft diktiert, die darauf besteht, dass alles für etwas gut sein soll. Das Zweck-freie zu lernen, ist keineswegs einfach. Ja – in-szenierte Ereignisse sind überflüssig; dasselbe kann man allerdings auch über Wein, Sonnenuntergänge oder die Liebe sagen. Das schöne Leben ist über-flüssig. Wenn man es trotzdem haben will, ist es mit Kennertum oder Vorbeischauen nicht getan. Zur Lebenskunst gehört vor allem auch die schwer zu erlangende Fähigkeit, sich auf etwas *anderes* einzulassen, jenseits der Routine folkloristischer Schemata, und immer wieder auch jenseits seiner selbst.

Lange Zeit rieb sich die Kulturkritik an der Un-terordnung des schönen Lebens unter die instrumen-telle Vernunft. Dazu besteht kaum noch Anlass; das Verhältnis hat sich umgedreht. Die Frage lautet nun: Wie instrumentalisiert man die Vernunft für das schöne Leben? *Eine* Antwort auf diese Frage war die Herausbildung der Idee der Erlebnisrationalität[21], die direkt zum Muster des zirkulären Subjekts führte. Doch im kollektiven Suchen und Experimen-tieren tauchen neue Typen auf. Die Dialektik der Kulturgeschichte hält als Gegenstück zum zir-kulären Subjekt das eigensinnige Subjekt bereit, auf der Suche nach Wirklichkeit jenseits des eigenen Horizonts, jedoch auf eigene Faust. Wenn es diese Gegenbewegung im Umgang mit inszenierten Ereig-nissen geben sollte, wird sie unspektakulär bleiben, weil Lebenskunst Privatangelegenheit ist. Und der Aufbruch wird zögernd sein, denn es scheint para-dox, das eigene Leben ausgerechnet in der Selbstver-gessenheit zu suchen.

Die *soziale* Konstruktion der Wirklichkeit aber muss anderswo stattfinden – in den Diskursen zwischen Wirtschaft, Technik, Wissenschaft, Politik und Öffentlichkeit. Dass die Aufklärung hier an ein Ende kommen könnte, ist nicht abzusehen, weil sich der Horizont objektiver Möglichkeiten ständig erweitert. Kaum hat man neue Orientierungen gewonnen, kann man sie schon wieder nicht mehr brauchen. Events sind nicht mehr der Ort für die ständig notwendige Fortsetzung von Diskursen; umgekehrt sind Diskurse keine Events. Die erste dieser beiden Unterscheidungen ist kulturell fast schon vollzogen, an der zweiten gilt es noch zu arbeiten.

Jenseits der Kulissenwelt.
Bemerkungen über das Bett

Wie passen die folgenden Bemerkungen über das Bett zu den vorangegangenen Streifzügen durch die Eventfolklore? Das Bett ist ein Beispiel für den Rückzug von der Welt. Es gibt keinen anderen Platz, der so vielen Menschen als Ort täglicher Selbsterfahrung vertraut wäre. Die Metapher des Betts eignet sich dazu, das Andere zu veranschaulichen, von dem in der Einleitung die Rede war: den Gegenpol zu den Kulissen des Glücks. Das Bett ist ein paradigmatischer Topos von Privatheit, Unmitteilbarkeit, Einzigartigkeit. Es stellt die Einsamkeit des Menschen mit sich selbst her, die zwischen den Kulissen des Glücks so leicht aufgehoben wird. Das Bett markiert den Gegenpol zur Außenwelt; seine Würdigung an dieser Stelle dient dazu, auf Eigensinn wenigstens indirekt hinzuweisen, wenn er sich schon nicht unmittelbar beschreiben lässt.

Manche Nomaden schlafen nackt auf der bloßen Erde – so die bereits im Beitrag über die Rationalisierung der Sinnlichkeit erwähnten Nambikwara. Von dieser Daseinsform größtmöglicher Unbehaustheit aus betrachtet erscheint die Erfindung des Bettes geradezu als Station der Menschwerdung. Fast alle Kulturen sind auf die unverlierbare Idee des Bettes gekommen, und es ist bezeichnend, dass dies niemand erstaunlich findet – als gehöre diese Idee ebenso zum Menschsein dazu wie der aufrechte Gang. Ein Bettloser muss ein ganz anderer Mensch sein als wir. Der Umstand, dass er weniger bequem schläft, ist zwar der augenfälligste Unterschied zwischen ihm und uns, fällt aber im Vergleich zur Hauptsache kaum ins Gewicht: dass nämlich der Bettmensch einen Ort hat, an dem er sein Leben lang täglich zu sich selbst kommen kann.

Eine Ahnung von der Grunderfahrung der Bettlosigkeit spürt man bei der Suche nach einem Liegeplatz auf einer großen Wiese. Unwillkürlich irren die Augen umher: Gibt es irgendwo einen *unterschiedenen* Platz – eine Erhöhung, eine Vertiefung, einen Strauch? Eine gleichförmige Wiese verweigert einem Platzsuchenden den Kristallisationspunkt für sein Liegeprojekt – warum soll er sich ausgerechnet hierhin legen und nicht dorthin? Ohne distinkten Ort fühlt man sich einen Augenblick lang grundlos, vagabundierend, unstet, bis man sich, zunächst noch zögernd, irgendwohin legt, um diesen mehr der eigenen Entschlusslosigkeit abgetrotzten als gewählten Platz sofort mit der Kategorie des Bettes zu besetzen, über die man als Angehöriger einer Bettkultur verfügt. Im Moment der Aneignung eines zunächst ununterscheidbaren Platzes als »Bett« kann man spüren, wie das Ich Erdenschwere gewinnt. Es beginnt, gedachte Grenzen zu ziehen und sich innerhalb dieser

Grenzen deutlicher zu empfinden als vorher – und nun gibt es auch einen guten Grund, an genau dem gewählten Platz zu bleiben und nicht etwa aufzustehen und fünf Meter weiterzugehen.

Warum bereitet man sich in dieser Weise ein gedachtes Bett, wenn man kein wirkliches bereitstehen hat? Das gedachte Bett offenbart eine wichtige Funktion des wirklichen – es bewahrt wie ein Behältnis die flüchtige, durchscheinende Substanz des Ich. Da diese Substanz der Welt der Gedanken angehört, kann sie sich zur Not auch an einem imaginären Ort sammeln. Deshalb ist das Zubettgehen oft auch ein geistiger Vorgang. Man schaltet um von Weltbezug auf reine Subjektivität. Um dies zu erreichen, genügt es vielen nicht, sich einfach ins Bett fallen zu lassen. Mit Ritualen beschwört man Bettbewusstsein. Das Ausziehen, Waschen, Zähneputzen trennt einen mehr und mehr von der Welt außerhalb des Betts. Wenn man die Hausschuhe auszieht, hat man den letzten Kontakt nach außen abgebrochen; mit dem unweigerlichen Aufseufzen beim ersten Ausstrecken begrüßt das Subjekt sich selbst im innersten Bezirk.

Während des Tages verschwindet das Bett aus dem Bewusstsein wie ein Partner, der in der Wohnung zurückbleibt, wenn man schnell einmal außer Haus geht, um einige Besorgungen zu machen. Man ist sich der unaufdringlichen Präsenz des Betts so sicher, dass man sich getrost anderen Dingen zuwendet, in der Gewissheit, dass man dem Bett vertrauen kann. Je näher aber der Zeitpunkt des Zubettgehens rückt und je klarer das Bett aus dem Dämmer der selbstverständlichen Lebensgüter tritt (vergleichbar der Luft zum Atmen, über die man sich keine Gedanken macht, obwohl sie in jeder Sekunde lebensnotwendig ist), desto unentschiedener wird bei vielen die Haltung. Jetzt, wo sich der Moment der Wiederbegegnung nähert, mischt sich der Wunsch nach Rückkehr mit einem verhaltenen Zögern, ähnlich wie es geschehen kann, dass man, unterwegs zum Flughafen, um einen lange vermissten Menschen abzuholen, plötzlich einen Hauch von Angst empfindet, sodass man fast erleichtert ist, wenn man auf der Anzeigetafel liest, dass das Flugzeug zwei Stunden Verspätung hat. Man ahnt die Ernüchterung, die der andere uns nicht ersparen kann, wenn er sich vom Phantom der Sehnsucht wieder in einen Menschen aus Fleisch und Blut verwandelt haben wird, und man würde die Phase der Sehnsucht am liebsten verlängern. So gestaltet sich oft auch die Beziehung zum Bett, bevor man darin liegt. Im Grunde handelt es sich dabei nicht um die Beziehung zu einem Möbelstück, sondern um die reflexive Beziehung desjenigen, der an sein Bett denkt, zu sich selbst. Im Zaudern vor dem eigentlichen Bettgehritual liegt ein Moment des Zurückschreckens vor der Selbstbegegnung. Man schaltet noch einmal das Fernsehgerät ein, geht in die Küche, ohne etwas zu wollen, sitzt eine kleine Weile einfach bloß da, bis man sich endlich aufrafft, von Müdigkeit getrieben und gehindert zugleich.

Im Bett selbst scheint es dann, als ströme eine Substanz von allen Seiten in vielen Rinnsalen in einer Mulde zusammen. Allmählich bildet sich eine spiegelnde, kreisrunde Oberfläche. Von diesem Moment an ist man mit sich allein. Auch wenn man noch eine Weile liest, fühlt man sich bereits von der Einsamkeit der kommenden Nacht umfangen. Die Bettlektüre gehört schon zu den Spielen des von der Welt losgelösten Selbst. Zwar bleibt man auf den Text angewiesen, doch alles, was man ihm entnimmt, Bilder, Gedanken, Gefühle, entsteht aus einem selbst und bleibt in einem verschlossen, die gedruckten Wörter sind nur das Rohmaterial einer sich ganz im Inneren und für sich vollziehenden Gestaltbildung, die dem Träumen nahe kommt.

Wenn man das Licht ausgemacht hat und die Augen schließt, erlebt man den Moment des Eintauchens in sich selbst wie den plötzlichen Übergang in ein zweites Leben, das mit dem ersten, dem Tagleben, kaum etwas zu tun hat. Jetzt beginnt die Zeit radikalen Getrenntseins von der Welt. Man fühlt nur noch den eigenen Körper, Bilderketten tauchen auf und werden durch andere verdrängt. Szenen, Dialoge, Wunschbilder, Feindbilder und Freundbilder entstehen und zerfallen. Das Kopfinnere dehnt sich aus und beginnt sein Spiel der Selbstbezüglichkeit, unabgelenkt durch äußere Ereignisse, Gegenstände, Wahrnehmungen. Man befindet sich jenseits der Kulissenwelt.

Als Ort der *Ankunft* versinnbildlicht das Bett das Gegenprinzip zur Steigerungslogik, die das Alltagsleben dominiert. In »Citizen Kane« taucht am Ende des Films auf einmal der Name »Rosebud« auf, geflüstert vom alten Kane im Augenblick des Sterbens. Was bedeutet »Rosebud«? Schließlich stellt sich heraus, dass »Rosebud« auf dem Schlitten geschrieben stand, mit dem der alte Kane als Kind gefahren war. Der Medien-Tycoon, Personifikation des Steigerungsspiels wie niemand sonst, stirbt mit der Wiederentdeckung einer anderen Welt, oder besser: einer anderen Art, in der Welt zu sein.

In »Citizen Kane« gibt es noch eine andere Stelle, an der die Idee der Ankunft besonders augenfällig wird: das lange Schweifen der Kamera über die endlose Reihe der Kunstschätze, die Kane in seinen Kellern gesammelt hat. Hier wird das eine Prinzip durch das andere ironisiert: Das Sammeln wird durch die Kunst selbst ad absurdum geführt, die Expansion der Möglichkeiten durch die beim Anblick der Kunstwerke entstehende Sehnsucht nach Kontemplation, die Steigerungslogik durch den Wunsch dazusein und dazubleiben. Als Phänomen, das in sich ruht, gilt das Kunstwerk als abgeschlossen. Der Kunst wie dem Bett liegt eine Form der Wertsetzung zu Grunde, die insofern platonischer Art ist, als man sich bereit findet, das Gute als nicht weiter steigerungsbedürftig zu akzeptieren. Es geht um das Gebrauchen des Möglichkeitsraums, nicht um seine Erweiterung, der Blick richtet sich nicht nach außen, auf die Grenze, sondern nach innen, auf die von der Grenze umschlossene Landschaft.

Anmerkungen

1 Durant, W. und W.: Europa und der Osten im Zeitalter der Aufklärung. Kulturgeschichte der Menschheit, Bd. 15. München 1985
2 Aristoteles: Nikomachische Ethik
3 Bolz, N.: Der Sinn des Unsinns. DIE ZEIT Nr. 23, 1997
4 Wittgenstein, L.: Tractatus logico-philosphicus. Frankfurt a. M. 1963
5 Montaigne, M. A.: Über einige Verse des Vergil. In: Essais. Frankfurt a. M. 1998
6 Lévi-Strauss, C.: Traurige Tropen. Frankfurt a. M. 1993
7 Wernz, C.: Sexualität als Krankheit. Stuttgart 1993
8 Haentjes, M.: Die Knef als Sünderin. Süddeutsche Zeitung 1999, S. 5
9 siehe hierzu: Franck, G.: Ökonomie der Aufmerksamkeit. München 1998
10 Sigusch, V.: Sexuelle Störungen und ihre Behandlung. Stuttgart/New York 1997
11 Weber, M.: Gesammelte Aufsätze zur Religionssoziologie. Tübingen 1920
12 Schlink, B.: Der Vorleser. Zürich 1995
13 Bergmann, I.: Mein Leben. Hamburg 1987
14 Freud, S.: Der Witz und seine Beziehung zum Unbewußten. Frankfurt a. M. 1970
15 DER SPIEGEL, Jg. 1999, Nr. 21.
16 Süddeutsche Zeitung Nr. 122, 1999.
17 Enzensberger, H. M · Das Nullmedium oder Warum alle Klagen über das Fernsehen gegenstandslos sind. In: ders., Mittelmaß und Wahn. Frankfurt a. M. 1988
18 Kafka, F.: Betrachtungen über Sünde, Leid, Hoffnung und den wahren Weg, Nr 47. In: Hochzeitsvorbereitungen auf dem Lande. Frank-

furt a. M. 1983. Den Hinweis auf dieses Gleichnis verdanke ich Peter
Sloterdijk.

19 Ash, S.: Effects of Group Pressure upon the Modification and Distortion of Judgements. In: D. Cartwright/A. Jander (eds), Group Dynamics. London 1954, S. 151-162

20 Borst, O.: Alltagsleben im Mittelalter. Frankfurt a. M. 1983

21 Schulze, G.: Die Erlebnisgesellschaft. Kultursoziologie der Gegenwart, Frankfurt a. M. 1992